MULHERES POLICIAIS
DESIGUALDADES E ESTRATÉGIAS NO COTIDIANO DAS UNIDADES OPERACIONAIS

Editora Appris Ltda.
1.ª Edição - Copyright© 2024 da autora
Direitos de Edição Reservados à Editora Appris Ltda.

Nenhuma parte desta obra poderá ser utilizada indevidamente, sem estar de acordo com a Lei nº 9.610/98. Se incorreções forem encontradas, serão de exclusiva responsabilidade de seus organizadores. Foi realizado o Depósito Legal na Fundação Biblioteca Nacional, de acordo com as Leis nos 10.994, de 14/12/2004, e 12.192, de 14/01/2010.

Catalogação na Fonte
Elaborado por: Dayanne Leal Souza
Bibliotecária CRB 9/2162

B813m
2024
	Braga, Elida
	    Mulheres policiais: desigualdades e estratégias no cotidiano das unidades operacionais / Elida Braga. – 1. ed. – Curitiba: Appris, 2024.
	    151 p. : il. ; 23 cm. – (Coleção Ciências Sociais).
	
	    Inclui bibliografias.
	    ISBN 978-65-250-6911-1
	
	    1. Mulheres policiais. 2. Trabalho. 3. Gênero. 4. Polícia militar. 5. Policiamento operacional. I. Braga, Elida. II. Título. III. Série.
	
	                                                                    CDD – 331.4

Livro de acordo com a normalização técnica da ABNT

Appris editora

Editora e Livraria Appris Ltda.
Av. Manoel Ribas, 2265 – Mercês
Curitiba/PR – CEP: 80810-002
Tel. (41) 3156 - 4731
www.editoraappris.com.br

Printed in Brazil
Impresso no Brasil

Elida Braga

MULHERES POLICIAIS
DESIGUALDADES E ESTRATÉGIAS NO COTIDIANO
DAS UNIDADES OPERACIONAIS

Appris
editora

Curitiba, PR
2024

FICHA TÉCNICA

EDITORIAL
Augusto Coelho
Sara C. de Andrade Coelho

COMITÊ EDITORIAL
Ana El Achkar (Universo/RJ)
Andréa Barbosa Gouveia (UFPR)
Antonio Evangelista de Souza Netto (PUC-SP)
Belinda Cunha (UFPB)
Délton Winter de Carvalho (FMP)
Edson da Silva (UFVJM)
Eliete Correia dos Santos (UEPB)
Erineu Foerste (Ufes)
Fabiano Santos (UERJ-IESP)
Francinete Fernandes de Sousa (UEPB)
Francisco Carlos Duarte (PUCPR)
Francisco de Assis (Fiam-Faam-SP-Brasil)
Gláucia Figueiredo (UNIPAMPA/ UDELAR)
Jacques de Lima Ferreira (UNOESC)
Jean Carlos Gonçalves (UFPR)
José Wálter Nunes (UnB)
Junia de Vilhena (PUC-RIO)

Lucas Mesquita (UNILA)
Márcia Gonçalves (Unitau)
Maria Aparecida Barbosa (USP)
Maria Margarida de Andrade (Umack)
Marilda A. Behrens (PUCPR)
Marília Andrade Torales Campos (UFPR)
Marli Caetano
Patrícia L. Torres (PUCPR)
Paula Costa Mosca Macedo (UNIFESP)
Ramon Blanco (UNILA)
Roberta Ecleide Kelly (NEPE)
Roque Ismael da Costa Güllich (UFFS)
Sergio Gomes (UFRJ)
Tiago Gagliano Pinto Alberto (PUCPR)
Toni Reis (UP)
Valdomiro de Oliveira (UFPR)

SUPERVISORA EDITORIAL
Renata C. Lopes

PRODUÇÃO EDITORIAL
Daniela Nazario

REVISÃO
Viviane Maria Maffessoni

DIAGRAMAÇÃO
Amélia Lopes

CAPA
Dani Baum

REVISÃO DE PROVA
Bruna Santos

COMITÊ CIENTÍFICO DA COLEÇÃO CIÊNCIAS SOCIAIS

DIREÇÃO CIENTÍFICA Fabiano Santos (UERJ-IESP)

CONSULTORES
Alícia Ferreira Gonçalves (UFPB)
Artur Perrusi (UFPB)
Carlos Xavier de Azevedo Netto (UFPB)
Charles Pessanha (UFRJ)
Flávio Munhoz Sofiati (UFG)
Elisandro Pires Frigo (UFPR-Palotina)
Gabriel Augusto Miranda Setti (UnB)
Helcimara de Souza Telles (UFMG)
Iraneide Soares da Silva (UFC-UFPI)
João Feres Junior (Uerj)

Jordão Horta Nunes (UFG)
José Henrique Artigas de Godoy (UFPB)
Josilene Pinheiro Mariz (UFCG)
Leticia Andrade (UEMS)
Luiz Gonzaga Teixeira (USP)
Marcelo Almeida Peloggio (UFC)
Maurício Novaes Souza (IF Sudeste-MG)
Michelle Sato Frigo (UFPR-Palotina)
Revalino Freitas (UFG)
Simone Wolff (UEL)

Às trabalhadoras e aos trabalhadores da Polícia Militar do Estado de Sergipe, atores sociais com os quais vivencio práticas de vida.

AGRADECIMENTOS

Sou grata a Deus pela graça e companhia diárias, pois sem elas seria impossível a conclusão deste trabalho.

Aos meus pais: José Levi e Sônia, aos meus avós: Antônio, Irene e Nanci, aos meus irmãos, ao meu filho Adson Lucas e aos amigos mais chegados, pela compreensão e incentivos ininterruptos além das suas orações em meu favor. Obrigada a vocês que se mantiveram por perto, mesmo sem a presença física, entendendo que o momento de "clausura" era apenas um momento.

Ao professor e orientador Dr. Paulo Sérgio da Costa Neves, que tanto contribuiu para que eu encontrasse o caminho do conhecimento, compartilhando do seu aprendizado com paciência e respeito pela minha falta de clareza sobre diversos assuntos. Nas conversas que se seguiram ao longo da pesquisa, sempre propôs um ambiente tranquilo e agradável. Sua clareza e sensibilidade sobre os debates contemporâneos, sem dúvida, abriram minha mente às questões sociológicas no cotidiano dos diversos atores.

Aos mestres mais que incentivadores, Prof.ª Dr.ª Wilma Porto de Prior e Prof. Dr. Milton Barboza da Silva, pelas contribuições, desde a graduação, que tanto enriqueceram minha vida acadêmica.

Ao meu amigo, Paulo Soares, que ousou dizer, ainda na minha infância, que eu poderia ir longe se assim o quisesse, sendo um grande incentivador desde então.

À Prof.ª Ma. Nayara Oliveira, amiga desde a graduação, pelo incentivo e participação efetiva na tomada de decisão pelo mestrado. Suas indicações me fizeram enxergar um novo caminho que até então não percebia.

Aos membros da banca de qualificação, Prof.ª Dr.ª Maria Tereza Lisboa Nobre Pereira e Prof. Dr. Frank Markon, por suas sugestões valiosas que me fizeram caminhar mais segura.

Aos professores e funcionários do Núcleo de Pós-Graduação e Pesquisa em Ciências Sociais (NPPCS) da UFS pela atenção e dedicação, pelos diálogos no decorrer das disciplinas que contribuíram, sobremaneira, para o meu processo de formação.

Aos queridos colegas de turma que durante esses dois anos se revelaram amigos. Nas inquietações, angústias e descobertas que perfazem os caminhos da pesquisa, somaram forças e experiências em meio às muitas risadas. Minha gratidão a todos vocês!

À Polícia Militar do Estado de Sergipe, em especial às policiais e aos policiais que se dispuseram para as entrevistas, sem os quais não haveria aprofundamento neste trabalho.

Aos diversos comandantes, chefias e pares, em especial a toda equipe do CFAP que soube compreender o momento, abrindo as portas das unidades para me acolher. Nos momentos cruciais da pesquisa se fizeram presentes, emitindo palavras de incentivo e consideração pelo trabalho em desenvolvimento.

Aos colegas de trabalho que se empenharam em buscar nas suas memórias os detalhes necessários para construir o trabalho. As fotos foram chegando e, com elas, as brincadeiras. Essa busca nos rendeu momentos de muita alegria e descontração.

À professora Viviane Moura pelo relevante serviço de correção textual deste livro.

Enfim, a todos que participaram desta construção e contribuíram cada um à sua maneira para a realização deste trabalho. Muito obrigada!

Certa palavra dorme na sombra
de um livro raro. Como desencantá-la?
É a senha da vida a senha do mundo. Vou procurá-la.

Vou procurá-la a vida inteira
no mundo todo. Se tarda o encontro, se não a encontro,
não desanimo, procuro sempre.

Procuro sempre, e minha procura
ficará sendo minha palavra.

(Carlos Drummond de Andrade, 2007, p. 43)

PREFÁCIO

O tema da segurança pública no Brasil, por si só, já tem sua relevância tanto em análises macroestruturais quanto em análises empíricas, microscópicas e qualitativas. Isso se aplica tanto à análise interna, de seu funcionamento, relações internas e organização, quanto à análise externa, envolvendo a relação das instituições e dos sujeitos da segurança pública com a sociedade e o fenômeno da violência e de sua prevenção. Este livro aborda questões que atravessam esses dois mundos, transitando entre a perspectiva macro e micro, das macroestruturas às particularidades locais. O eixo do debate é sobre as relações, representações e desigualdades de gênero nas corporações policiais no Brasil.

A pesquisa realizada por Élida Braga, como dissertação de mestrado no Programa de Pós-graduação em Sociologia, da Universidade Federal de Sergipe, concluída em 2012, nos insere nos meandros destas questões, envolvendo o tema da segurança pública na relação com o gênero, particularmente a partir da presença da mulher na atividade de policiamento ostensivo na Polícia Militar do estado de Sergipe. Naquele momento, isso era um fenômeno recente, desafiador e pouco pesquisado, especialmente por vozes que ousassem falar a partir de dentro.

As questões levantadas por Élida eram e continuam sendo atuais e vão desde temas como as desigualdades de gênero no mercado de trabalho, neste caso das instituições de segurança pública; passando pelas representações estigmatizadas de gênero sobre a qualificação ou a falta de qualificação das mulheres para certas atividades, como a do policiamento ostensivo; até as relações em termos de nuanças e constrangimentos que afetam as mulheres em sua condição de gênero em organizações marcadamente dominadas por perspectivas estruturalmente machistas, em termos de linguagem, de performance e de representação. Este pano de fundo, já largamente observado em outros estudos sobre gênero, ganha particular nuance quando tomado pela perspectiva da presença das mulheres na polícia. Isto porque, embora as políticas inclusivas tenham alcançado instituições bastante rígidas sob o matiz do gênero, as instituições militares foram hegemonicamente consideradas instituições duramente masculinizadas e movidas pela ideia de força, principalmente a de demonstração física. Esta também é uma forma de autodenominação das próprias polícias e do Estado sobre as polícias como qualificativo, o de força policial, ou de atividades da força, como se a segurança pública fosse necessariamente pensada sob o viés da capacidade de demonstração e de imposição do mais forte, assim como no sentido oposto a condição de hesitação sobre a presença e a capacidade das mulheres de corresponder a esta expectativa.

A autora demonstra que a inclusão recente das mulheres nas polícias é, ainda assim, uma realidade que muitas vezes enquadra o gênero em concepções qualificativas substancialistas e primordiais dos qualificativos oriundos de ideologias estruturadas como machistas, sobre a condição do masculino e do feminino, e suas relações. As notas de campo e os diálogos de Élida com seus e suas interlocutoras durante a pesquisa demonstram como as expectativas sobre a atuação das mulheres na polícia são subjacentes as representações patriarcais e machistas hegemônicas sobre o gênero na sociedade brasileira, e o quanto estas questões vão criando arranjos tanto sobre as funções destinadas às mulheres na corporação, quanto às performances que as mulheres se veem obrigadas a exercer para serem reconhecidas por seus pares em atividades consideradas costumeiramente como mais apropriadas para os homens, como o policiamento ostensivo, que exigiria, na concepção militar, a performance e o exercício da força, e as funções consideras mais apropriadas às mulheres, como as tarefas burocráticas e restritas aos quartéis. Nem por isto, como está demonstrado no livro, a presença destas mulheres deixa de marcar uma presença com potencial de transformações nestas concepções.

A autora é também protagonista junto com outras interlocutoras policiais, da própria experiência que observa e analisa, o que metodologicamente para as Ciências Sociais exige o rigor ético da relação entre distanciamento, proximidade e reflexividade desejados, difíceis de serem alcançados e que Élida realiza com muita competência com suas notas etnográficas, entrevistas com colegas, dados quantitativos e pesquisas bibliográficas e documentais. De qualquer modo, o pesquisar vivendo, o pesquisar sentindo, a pesquisa envolvido e implicado são sempre desafios que só se mostram eficazes quando submetidos ao escrutínio público, quando são analisados pelos pares e se recebe o reconhecimento por parte deles, neste caso tanto o reconhecimento acadêmico, através dos avaliadores, dos professores, dos colegas discentes e pesquisadores da área; quanto dos e das pares colegas de corporação, que se percebem retratados pela pesquisa, e sentem representados e respeitados pela análise e pelo texto final da autora. Por si só, estas qualidades são imprescindíveis a qualquer pesquisa acadêmica séria, comprometida e transformadora, e somados à relevância contemporânea do tema já seriam mais do que motivos suficientes para que este livro seja lido por todos os públicos, e principalmente por cientistas sociais, especialistas acadêmicos e profissionais de segurança pública.

Ainda assim, é preciso ressaltar que esta pesquisa foi concluída e defendida há doze anos e que de lá para cá houve avanços e retrocessos no que diz respeito ao debate sobre gênero, sobre direitos humanos, violências e desigualdades na sociedade brasileira, entre as quais o achaque sobre todas as questões envolvendo conceitos e direitos de gênero e ou sexualidade se tornou comum com a ascensão e popularização política de perspectivas conservadoras, e como reação aos avanços pró direitos humanos e pró equidade da década anterior. Questões que tornam a publicação deste livro essencial para percebermos como oscilam as perspectivas progressistas e o reacionarismo com relação a elas, evidenciando que as disputas de poder fazem parte de lógicas de ação – reação constantes.

Além disto, ao nos distanciarmos no tempo, é possível percebermos que as experiências bem-sucedidas de políticas públicas inclusivas, como as da primeira década deste século, tem muito mais a contribuir quando amplificam as transformações para além da presença numérica dos grupos nos espaços sociais dos quais eles estavam ausentes. Ou seja, quando a presença numérica também consegue gerar transformações estruturais, transformando as perspectivas de valor moral, mas também as perspectivas técnicas de procedimentos e visões de mundo que criam outras sensibilidades e soluções para velhos problemas com visões arcaicas. Não se trata, é óbvio, de uma perspectiva propositiva de opor os maniqueísmos, de "masculinizar" as mulheres quando atuam no policiamento ostensivo versus o oposto de "feminilizar" a ostensividade por influência da presença das mulheres, mas de compreender que a concepção de força, e o entendimento de que ela está associada à capacidade física e a performance de se sobrepor e anular o outro como princípio institucional do policiamento ostensivo, tem relação com perspectivas de poder estatais, de cariz colonial, patriarcal e machista.

Por outro lado, as discussões sérias e as análises aprofundadas sobre como se constituiu a masculinização da força e da violência como matriz da segurança pública podem nos dizer sobre a necessidade de se pensar a partir de outros paradigmas? O efeito das políticas de inclusão de gênero, as experiências das mulheres nas corporações, os homens policiais que dispostos a ouvir e compartilhar interagem no dia a dia com a presença das mulheres, ainda tem muito a dizer, a ensinar e a transformar. Mesmo quando estamos diante de estruturas rígidas e de contextos políticos reativos como o que vivemos atualmente.

Neste livro, é possível observarmos que esta já era uma realidade difícil, mas construída como possibilidade há dez anos, e nos permite refletir sobre onde estamos hoje no que diz respeito a temas tão sensíveis como este. Neste sentido, como registro da conjuntura e da experiência de um dado momento implicado por estas questões, as análises contidas aqui nos lembram que certos caminhos já foram trilhados, que certas questões continuam na ordem do dia há tempos, que as transformações são processuais, que elas não ocorrem sem reações, mas que certos registros sob á luz de análises sérias precisam sair das gavetas, precisam se tornar referência, precisam ser revistadas criticamente pelos próprios autores, e precisam se tornar resiliência e potência, na qual a sociedade se espelhe e se questione, e neste caso específico na qual as mulheres e os homens policiais se revejam e se permitam repensar em termos de fundamentos e de práticas.

Ainda é importante acrescentar que após concluir a sua dissertação em 2014, da qual fui um dos avaliadores, construímos, eu e Élida, uma longa parceria de diálogos, de reflexões sobre gênero e segurança pública e de pesquisas acadêmicas sobre gênero e juventudes, que deram origem a pelo menos dois trabalhos que merecem registro, para entendermos mais sobre como os compromissos da autora estão para além de um único trabalho. Destes diálogos, surgiram uma Tese de Doutorado sobre adolescentes mulheres em instituições socioeducativas em Sergipe, uma pesquisa e livro sobre adolescentes de ensino médio e cultura de paz no estado, além da parceria em vários artigos e eventos. Em pouco tempo, também acompanhei a atuação de Élida fora do mundo acadêmico, assumindo outras atividades no campo da educação e da segurança pública. Este múltiplo engajamento, sempre responsável e sensível com os temas e com as pessoas que são suas interlocutoras no campo da ciência, da atuação profissional técnica ou da educação, são qualificativos que agregam ao pesquisador e a pesquisadora na área das Ciências Sociais, a perspicácia do saber ouvir, do saber traduzir, do saber respeitar com humanidade incondicional as mulheres e os homens policiais, os professores e as professoras, os adolescentes considerados infratores e infratoras, os alunos e as alunas em diferentes condições de vulnerabilização, assim como seus pares acadêmicos. O que Élida sempre fez também ao participar de nossos seminários do Grupo de Estudos Culturais, Identidades e Relações Interétnicas, ao se colocar no lugar de quem aprende, de quem ensina e de quem entende que a produção do conhecimento é diálogo e experiência sem se colocar em posições de hierarquia.

Por fim, tanto para leigos quanto para especialistas, este livro apresenta a possibilidade de apreendermos sobre as subjetividades das relações de gênero, de refletirmos sobre o peso de certas ideias enraizadas institucionalmente nas concepções do Estado moderno, bem como elas refletem e são refletidas pelas transformações sociais e políticas que se sucedem. Também é uma oportunidade para cientistas sociais refletirem sobre metodologias de pesquisa, sobre ética e sobre a sensibilidade necessária na pesquisa com o compromisso humano do envolvimento com nossos diferentes interlocutores. Além disto, nos diz sobre a necessidade de retomarmos nossas pesquisas à luz de novos momentos, como forma de contribuição para com a compreensão dos processos sociais distanciados do calor do momento em que elas foram inicialmente realizadas e escritas, agora amadurecidas pela experiência de nosso envolvimento continuado com os fenômenos que analisamos, que tornam também parte relevante de nossas vidas e de nossos compromissos com a sociedade. Para Élida, o gênero, a segurança pública e a educação.

Frank Marcon

APRESENTAÇÃO

Essa lembrança que nos vem às vezes...

folha súbita que tomba

abrindo na memória a flor silenciosa [...] Essa lembrança...mas de onde? De quem? Essa lembrança talvez nem seja nossa,

mas de alguém que, pensando em nós, só possa mandar um eco do seu pensamento [...]

(Quintana, 2006, p. 152)

Na trajetória pessoal as influências que definem o tema de pesquisa

As lembranças remetem ao ano de 2002, evocando na memória os eventos que deixaram uma marca indelével em minha trajetória na Polícia Militar de Sergipe. Ao ingressar na corporação, minha primeira impressão foi de instabilidade, um contraste notável em relação aos sentimentos que inicialmente me impeliram a enfrentar o concurso público[1].

Inicialmente, a empolgação era total, impulsionada pela superação das etapas subsequentes[2]. A cada fase vencida, crescia a expectativa para a próxima, contudo, não estava preparada para o que experimentaria durante o curso de formação.

A transição do mundo estritamente privado para o público, marcando uma característica universal das mulheres em minha trajetória de vida, ocorreu em 2002, quando ingressei na Polícia Militar do Estado de Sergipe. A mulher, mãe, esposa e dona de casa, muito rapidamente perdeu a noção de si, não reconhecendo mais a própria identidade. Isso se deveu ao fato de que, no curso de soldados, os alunos eram tratados

---

[1] Concurso organizado pela Universidade Federal de Sergipe em março de 2002.

[2] Após aprovação da prova intelectual, seguiram-se mais três etapas de caráter eliminatório, a saber, os exames físicos, exames médicos e exames psicológicos, respectivamente.

como números, sujeitos a regras e planos a serem cumpridos. No entanto, o desconhecido logo se dissipou.

Esse despertar para os assuntos relacionados às mulheres na polícia militar teve início após a conclusão do Curso de Formação de Soldados (CFSd), quando fui designada para trabalhar na guarda do Centro de Formação e Aperfeiçoamento de Praças (CFAP). Foi nesse momento que comecei a me deparar com as disparidades que envolvem o trabalho entre homens e mulheres no universo militar. Pude observar um tratamento, por vezes, extremamente cuidadoso por parte dos homens, alternando com situações de puro desprezo. Em algumas instâncias, era como se fôssemos invisíveis, ou melhor, havia um claro desejo de que não estivéssemos ali.

Observava atentamente o cenário ao meu redor: o tratamento dispensado, as condutas, as rotulações, como a percepção generalizada de que as mulheres são consideradas preguiçosas, uma característica comum no ambiente militar. Muitas vezes, são vistas como frágeis e incapazes de desempenhar plenamente as responsabilidades policiais, outras vezes, são rotuladas como oportunistas, aproveitando-se dos estereótipos de fragilidade para evitar o serviço operacional, dedicando-se apenas a trabalhos administrativos.

As orientações e observações comportamentais ao meu redor fizeram-me perceber uma série de situações nas quais aprendi a tratar todos com respeito, mantendo, no entanto, uma certa distância. Ingressar nesse ambiente masculinizado, repleto de linguagem específica e modos próprios, fez-me compreender as divisões presentes, tanto na maneira de trabalhar quanto na forma de interagir com os outros.

Permaneci por cinco anos no CFAP. Os quatro primeiros foram na Guarda do Quartel, e o último ano na Divisão de Ensino (DE). Lá, além do serviço ordinário, competíamos por escalas extras, como forró-caju, pré-caju, campos de futebol, entre outros. Em 2007, recebi um convite para trabalhar no Batalhão de Choque (BPChq), marcando o início da atividade fim propriamente dita: o combate nas ruas, com todas as especificidades que o serviço no Batalhão de Choque demanda.

Era, de fato, um terreno completamente desconhecido para mim. As boas-vindas em algumas unidades especializadas da polícia, como o BPChq, envolvem certos rituais[3]. Todos que chegam ao batalhão passam

---

[3] O rito é considerado um conjunto de atividades planejadas que combina formas de expressão cultural que têm características práticas e expressivas. Podem ser classificados como: de iniciação, de passagem, de confirmação, de integração.

por uma espécie de "batismo de boas-vindas", sem distinção de gênero ou hierarquia. Comigo não foi diferente. Ao chegar, fui logo interpelada sobre quando iria pagar a famosa pizza para o grupamento de serviço. O segredo para passar por essa fase sem maiores problemas é não se negar a pagar. Aqueles que resistem mais acabam enfrentando situações inesperadas que divertem os antigos. Após esse período inicial, no entanto, parece que você já faz parte do contexto, encerrando-se todas as brincadeiras e chacotas em torno do novato.

Por outro lado, tive oportunidade de observar o quanto a manutenção dessa tradição do pagamento de pizza é importante para os componentes do batalhão quando houve uma mudança no comando da unidade e o então subcomandante decretou o término do pagamento da pizza aos recém-chegados. Aquilo foi uma espécie de afronta, deixando a grande maioria insatisfeita com tal determinação. Tanta indignação acabou por revelar a importância e o caráter identificador das antigas tradições mediante rituais que, mais pareciam brincadeiras sem graça, contudo, trata-se do ponto de afirmação para o início de um pertencimento a uma rotina de trabalho específica. A tradição foi restabelecida no comando seguinte, permanecendo assim, a rotina da unidade.

Não demorou muito para que me adaptasse à nova rotina. Gostava de estar ali. Gostava da rua, da hora que diziam: "temos que ir!" Quando a velocidade aumentava e a sirene nos alertava de que algo, em algum lugar estava acontecendo e precisava da nossa disponibilidade, íamos ao encontro do inesperado. Somente sabia-se a hora de ir, a hora de voltar era sempre uma incógnita. Isso me fascina até hoje no policiamento operacional, pois não temos o controle do tempo, do horário preestabelecido como é o caso do serviço burocrático.

É comum nas unidades operacionais estarmos em plena atividade, executando serviços burocráticos e, no minuto seguinte, precisar sair para o atendimento de ocorrências do tipo fuga em presídios, centro de menores infratores, fugas em delegacias, entre outros. E como o Batalhão de Choque abrange todo o Estado, as viagens repentinas acabam tornando-se corriqueiras. A evolução de determinadas ocorrências policiais dura tempo demasiado até o seu efetivo controle, podendo os componentes de uma guarnição chegar ao extremo cansaço físico e mental.

No entanto, durante essas rotinas de trabalho, surgem também oportunidades para desenvolver relações interpessoais. A colaboração em equipe, a consciência de que o desempenho conjunto é crucial para a resolução satisfatória dos problemas e desafios enfrentados, promove a construção de atributos fundamentais, como a confiança, além de gerar inúmeras histórias que permanecem no imaginário para serem compartilhadas depois.

Trabalhar em igualdade, seguindo o princípio de "o que dá para um dá para todos"[4], abrange desde o tipo de comida, horários de trabalho, sem qualquer tipo de preferência. Essa abordagem, especialmente no contexto do serviço operacional, é indicada para minimizar as distâncias entre homens e mulheres, que são historicamente moldadas por subordinação e estereótipos de fragilidade.

Em algumas ocasiões, durante patrulhamentos pelas ruas de Aracaju/SE, costumava brincar, mencionando a necessidade de passar batom. Essa observação provocava brincadeiras animadas na viatura. Na realidade, essa era a minha maneira de chamar atenção, promovendo uma atmosfera descontraída com os colegas da guarnição e, ao mesmo tempo, estabelecer vínculos por meio de brincadeiras.

Minha intenção era mostrar que a presença de uma mulher na guarnição não tornaria o serviço monótono, pelo contrário, criar um ambiente descontraído, mas ainda assim, manter atenção, controle emocional e tranquilidade durante as demandas profissionais, contribuiu para a apropriação do espaço e superação das resistências daqueles que têm dificuldade em enxergar mulheres como profissionais, simplesmente por serem mulheres.

Outro aspecto que contribuiu para ganhar respeito e estabelecer proximidade foi buscar suporte nas experiências dos colegas mais antigos para superar minha inexperiência. Isso resultou na construção de relacionamentos sólidos, de respeito e consideração, que perduram até os dias atuais. Não hesitava em admitir que não sabia algo, expressando meu desejo de aprender para evitar equívocos, reconhecendo que nem todas as situações eram claramente definidas nos manuais.

No entanto, as dinâmicas estabelecidas no interior das viaturas muitas vezes são conflituosas e envolvem múltiplas questões. Um exemplo disso é a dificuldade enfrentada ao lidar com questões tão básicas como ir ao banheiro. Em certas situações e locais, essa tarefa é muito mais fácil

---

[4] Jargão policial largamente utilizado.

para os homens do que para as mulheres. O ato aparentemente simples de urinar, algo inerente à fisiologia humana, já provocou diversos conflitos no âmbito policial.

A percepção de que as mulheres necessitam de condições específicas, como um banheiro, enquanto os homens "se viram" com mais facilidade, leva à diminuição das mulheres ou à rotulação delas como "mimadas" ao solicitarem algo que, na realidade, representa uma condição básica de trabalho. Essa discrepância evidencia as divergências e os conflitos presentes nos cotidianos dessas situações laborais.

No ano de 2008, ocorreu o Curso de Nivelamento de Operações de Choque, que contou com a participação de todo efetivo do batalhão. Durante as instruções no Parque da Cidade[5], enfrentamos subidas e descidas íngremes em exaustivas execuções das rotinas de patrulha, além de corridas intensas com o pelotão. Em uma dessas corridas, acabei ficando para trás, e um dos colegas retornou para me ajudar a continuar e não desistir. Após a corrida, recordo-me de todos nós, jogados ao chão sob as mangueiras. Naquele momento, éramos todos iguais; o cansaço também atingia os "super-homens". Foi ali que aprendi a economizar energia durante os cursos, um hábito que se mostraria útil em momentos futuros.

Outro momento intrigante ocorreu durante uma perseguição quando tivemos que subir o Morro do Avião, no bairro Santa Maria, antiga Terra Dura. O sargento, comandante da guarnição, me perguntou se preferiria ficar cuidando da viatura na parte inferior do morro. Isso conforme o que eles contuma chamar de "menos um" seria interpretado como um atestado de incompetência. Minha resposta foi firme: "Não sou motorista, sargento, eu vou subir". Peguei a submetralhadora e encarei a subida. Fácil não foi. A vista lá de cima era deslumbrante, mas o cansaço era extremo. No entanto, eu sabia que não havia sido escalada como motorista, mas sim como patrulheira, e compreendia as responsabilidades e o posicionamento que a função exigia.

Saber, portanto, o que é para fazer dentro de um "teatro de operações" sempre foi motivo de preocupação. Para tanto, contava com o aprendizado de técnicas de abordagem, de patrulha, de controle de distúrbios civis, bem como a experiência dos colegas e domínio das situações com que nos deparávamos constantemente; ao observar cada detalhe de suas

---

[5] Parque turístico em Aracaju, com zoológico, teleférico e ladeiras imensas, haja vista sua localização ser em um morro próximo ao bairro Industrial.

atuações ganhava o suporte necessário às minhas próprias condutas e desenvolvimento de práticas adequadas. As conversas e a certeza de que eu sabia o que estava fazendo davam segurança a eles também. A postura em serviço era outra coisa que chamava atenção e até hoje é assim.

Durante o carnaval, fui questionada sobre como conseguia manter uma postura que intimidava quem estava ao redor. A pessoa chegou até a afirmar que não percebia diferença entre minha atitude e a dos demais homens da guarnição. Imediatamente, me dei conta do modelo de comportamento disseminado na corporação, baseado na masculinidade. Embora eu estivesse apenas mantendo minha concentração e observando tudo ao meu redor, o simples fato de permanecer séria remetia ao estereótipo de força e masculinidade que se estabelecia.

Esse modelo de masculinidade é tão arraigado que muitos gestores nas unidades levam tempo para reconhecer que uma mulher pode estar inserida nessa dinâmica e executar um trabalho tão eficiente no serviço operacional quanto um homem. Embora isso não deva ser considerado um fator determinante, outras questões se destacam, como a tendência à acomodação e a preferência por manter as mulheres em setores predominantemente administrativos.

Por outro lado, ao longo de quase três anos, fui habituada a trabalhar com base na competência, do tipo "se você sabe fazer, é você quem vai fazer". Embora isso não seja a norma no ambiente militar, a realidade é que senti o impacto e um retrocesso às práticas antigas em uma das mudanças de comando que experienciei enquanto trabalhava no BPChq.

É comum que, junto das mudanças no comando da unidade, ocorra uma alteração no corpo de oficiais. A nova equipe, inicialmente, fez-me sentir como se eu fosse apenas um bibelô ali para servir o famoso "cafezinho". Embora houvesse outras obrigações bastante específicas, em um piscar de olhos, eu me vi designada unicamente como a secretária do comandante, responsável por atender ao telefone e executar alguns serviços burocráticos. Como resultado, já não era mais incluída nas tradicionais operações de rua, com as quais eu me identificava tanto.

No entanto, um dia, durante uma operação conjunta que envolvia várias esferas do policiamento estadual e que havia sido combinada para começar pouco depois da meia-noite no Centro de Operações Policiais Especiais – COPE da Polícia Civil, eu havia sido escalada a participar. A ordem para minha participação veio de outro oficial da unidade, alguém que já estava acostumado a me ver integrando as equipes de rua. A operação envolvia percorrer várias cidades do interior durante a madrugada para cumprir mandados de busca expedidos pela justiça.

Ao chegar, o oficial não escondeu a surpresa e me perguntou: "o que você está fazendo aqui, menina?" Eu simplesmente ri. Daquele dia em diante, os conceitos da policial feminina intra e extramuros começaram a mudar. Passamos o restante da noite e a manhã seguinte realizando diversas diligências, resultando em várias prisões de traficantes e homicidas em diversas localidades do estado.

Esses relatos evidenciam mudanças lentas e graduais que ocorrem internamente na corporação em relação ao papel desempenhado pelas mulheres. Inicialmente, esse papel era concebido com uma abrangência significativamente menor do que a que as mulheres atualmente desempenham. Em meio às resistências, às posições preestabelecidas e à busca por condições de trabalho mais equitativas, observamos uma superação, mas também surgem frustrações diante das conquistas alcançadas pelas mulheres policiais ao longo de suas trajetórias.

Há superação quando consideramos o início da trajetória feminina dentro da polícia militar, analisando o que faziam e para o que eram requisitadas inicialmente. No entanto, existe também frustração ao perceber que poderíamos ter avançado mais se não fossem tão presentes as amarras estruturais ainda existentes na atualidade. Isso fica evidente ao observarmos a quantidade significativa de mulheres alocadas nos serviços administrativos do Quartel do Comando Geral, como observaremos mais adiante.

É fascinante observar o quão gradual e lentamente se dá a conquista de espaços tradicionalmente ocupados por homens. Em 2007, durante um Curso de Habilitação de Oficial (CHO) no CFAP, os alunos (1.º sargentos e subtenentes) foram surpreendidos quando chegaram para entregar suas armas na reserva de armamento e encontraram uma mulher responsável pelo recebimento e despacho. As expressões de espanto eram notáveis. Alguns apenas observavam, outros faziam questão de perguntar: "Você aqui?" Alguns permaneciam atentos ao manuseio das armas, algo que não era comum quando o armeiro era um homem.

O espanto e a desconfiança persistiram até que se estabelecesse a certeza de que aquele serviço poderia ser realizado por uma mulher. Eu trabalhava de macacão e gostava da repercussão que isso gerava, divertindo-me, na verdade, quando eles se entreolhavam ao ver uma mulher de macacão pelos corredores do quartel ou ao entrar na reserva de armamentos e me encontrar imersa em óleo, limpando fuzis, entre outros afazeres peculiares ao local. Isso provocava uma mistura de estranheza e admiração, embora fosse apenas a execução de um serviço simples que, até então, não havia sido realizado por uma mulher.

Algumas questões relevantes nas relações de gênero entre homens e mulheres policiais envolvem a qualificação e capacitação. Em 2008, quando os cursos da Swat chegaram a Sergipe, eu experimentei a estranheza de estar imersa em um ambiente estritamente masculino. Naquela época, um caso[6] de grande repercussão no estado levou o governo a investir na capacitação de alguns operadores de segurança pública, formando uma equipe preparada para lidar com grandes ocorrências. Entre os recrutados estavam policiais civis, delegados, membros da Companhia de Operações Especiais (COE), policiais do BPChq, e eu estava entre eles. No entanto, meus colegas do BPChq não queriam que eu participasse. Preferiam outro homem, e eu estava ocupando o lugar de um deles. A hostilidade nos olhares era evidente e significativa para mim.

Ao chegar, com um nervosismo palpável em todos os lugares do meu corpo, olhei ao redor e pensei: "O que estou fazendo aqui?!?!". Lembro-me de uma senhora da Secretaria de Administração que coordenava o curso e expressou: "Que legal, uma mulher!!". Quase me atirei nos braços dela com uma vontade irresistível de chorar.

No primeiro dia, dedicado à parte teórica do curso, não recordo de ninguém ter dirigido a palavra a mim até o momento em que um dos instrutores, provenientes da SWAT de Dallas, Texas, se aproximou e elogiou um dos comentários relacionados à temática de gerenciamento de crises. A sensação de ser intrusa, de não pertencer àquele espaço, era quase tangível. Somente com o elogio do instrutor é que me senti "autorizada" a fazer parte daquele curso.

No segundo dia, iniciaram-se as instruções práticas e a formação das equipes. Embora estivesse designada para o Batalhão de Choque, optei por não atuar com essa equipe devido ao desprezo que recebi por parte de alguns de seus membros. Foi nesse momento que um sargento da Companhia de Radio Patrulha-CPRp[7] olhou para mim, notou a situação

---

[6] Caso Pipita, para o qual se fizeram inúmeras diligências ao interior do estado a fim de capiturá-lo, todas sem sucesso.

[7] Sargento "Jacaré", que faleceu em 2011 em um acidente de motocicleta em Aracaju. Nunca esquecerei essas palavras.

e perguntou: "Você está sem equipe?". Eu respondi afirmativamente, e ele prontamente disse: "Então, venha pra cá, fique com a gente!". Assim, eu integrei a equipe da CPRp. O curso prosseguiu, sendo bastante cansativo, mas tranquilo, pois finalmente comecei a me sentir parte de algo, de um grupo.

Ao término do terceiro dia, na solenidade de encerramento, percebia-me mais integrada, fazendo parte do universo predominantemente masculino. Isso ocorreu após passar por uma rotina de treinamentos, sem haver quaisquer motivos para críticas quanto ao desempenho de uma mulher no curso. No entanto, a sensação de angústia ainda persistia devido ao que eu havia experimentado. Era tão intensa que, ao receber o certificado, senti um impulso de gritar. Em meio aos risos e às fotos, pensava: "Eu concluí o curso!". Naquele momento, isso era o que me importava.

Dessa forma, percebe-se o posicionamento sexista de alguns policiais, manifestado na resistência à abertura de espaço para o novo, em um ambiente já consolidado como exclusivamente masculino. Esses relatos fornecem pistas para reflexões sobre a repulsa e a razão por trás da hostilidade e indiferença em relação a tal participação feminina. O que estará em jogo? Será a perda da hegemonia masculina? Ou o receio de serem vistos como frágeis pela presença de uma mulher entre deles? O modelo masculino adotado nesse contexto é tão enraizado que as mulheres muitas vezes se conformam em agir como eles, fazendo o que eles fazem, sob pena de enfrentarem discriminação. A discriminação persiste e, muitas vezes, com base na reduzida presença de mulheres no serviço operacional, é mais fácil acomodar-se aos padrões designados para a mulher na corporação do que resistir a essas situações quando elas se apresentam. As sensações descritas aqui não são casos isolados, mas são experiências comuns desde a iniciação na vida militar, refletindo as práticas diárias de trabalho.

O curso subsequente ocorreu na serra de Itabaiana, com uma duração de três dias. Nessa etapa, a ênfase recaiu mais intensamente na questão física, incluindo atividades como rastejo e esforço intenso. A turma era praticamente a mesma do curso anterior. Agora, já adaptados, compartilhávamos experiências em parceria, mesclando brincadeiras com o cansaço. Alguns homens enfrentaram dificuldades, seja por mal-estar ou atrasos nas corridas. O que se esperava em relação à parte mais "frágil" da equipe acabou se tornando uma realidade entre eles mesmos. A disposição para oferecer ajuda e enfrentar os desafios da mata foi se nivelando, não podendo mais apontar exclusivamente para mim como a única passível de enfrentar problemas.

No terceiro curso, em 2009, que, na verdade, compreendeu sete cursos em uma semana, para minha surpresa, já havia a participação de várias mulheres entre os 119 inscritos. A conquista desse espaço e o direito à qualificação profissional representam o maior significado desses cursos. Embora o brevê seja chamativo, seu real valor transcende isso. A oportunidade de aprender novas técnicas, praticar tiro e entrar em contato com outras culturas, modos de pensar e abordagens no policiamento não deve ficar restrita ao universo masculino.

Dentro do BPChq, não me recordo de uma escala de serviço que impacte mais a rotina do que a de reintegração de posse. A inquietação permeia o ambiente quando se aproxima mais uma desapropriação. Talvez este seja o serviço que exige uma organização e planejamento prévios mais intensos, uma vez que os eventos que antecedem o dia programado são marcados por intensa agitação de todos os envolvidos. Ter uma compreensão precisa da função atribuída, do posicionamento e da sequência de atividades orienta e faz com que o serviço demande máxima atenção e preparo, sobretudo no aspecto psicológico.

O que se destaca nessa movimentação é a necessidade de que todo o processo envolvendo uma reintegração de posse, incluindo o escalonamento das ações e, consequentemente da força, seja minuciosamente planejado, ordenado e organizado, a fim de garantir o êxito da operação. A compreensão de que cada indivíduo desempenha um papel fundamental torna-se crucial. Desde aqueles encarregados de fornecer comida e água para a tropa, até os responsáveis pela coleta dos dados e informações por meio de registros fotográficos, e aqueles efetivamente escalados nos pelotões de Controle de Distúrbios Civis (CDC) para a pronta utilização da tropa, se necessário, todos desempenham um papel vital para o sucesso das ações. Nesse momento, parece não haver distinção entre homens ou mulheres, apenas a preocupação de evitar imprevistos no planejamento e na execução, garantindo que a finalidade da operação seja alcançada. No entanto, é comum observar que, mesmo nesses momentos extremos, as tarefas mais leves são designadas às mulheres, enquanto aos homens são atribuídas aquelas que demandam maior esforço físico.

Em 2011, após um intervalo de dois anos, retornei ao BPChq. Como mencionado anteriormente, fui transferida para lá em 2007e deixei a unidade em 2009, quando já havia iniciado minha pesquisa. Durante esse período, atuei no trânsito pela Companhia de Policiamento Rodoviário (CPRv), uma unidade especializada responsável pelo controle das vias estaduais. Posteriormente, passei um ano no Centro de Formação e Aperfeiçoamento de Praças da Polícia Militar de Sergipe (CFAP), e retornei novamente para o BPChq. Essas unidades, apesar de abordarem temas relacionados à PM, possuem características distintas. No CFAP, a presença feminina é mais aceita, uma vez que a unidade conta com uma equipe de pedagogas, e mulheres desempenham funções em diversas seções, principalmente nas atividades administrativas. Além disso, ocasionalmente, são incluídas no policiamento ordinário. Já na CPRv, por se tratar de uma unidade de trânsito, as especificidades do serviço não envolvem as demandas físicas que frequentemente surgem no trabalho do BPChq.

Desse modo, voltar ao convívio dos "choqueanos", com a pesquisa em andamento, veio em um momento bastante oportuno. Chega, por sua vez, a hora de exercitar o afastamento proposto para este trabalho, ao passo que necessito das observações diárias, dos relatos e anotações que o compõem. No entanto, havia mais nessa alegria do retorno. Havia também meu lado de policial que se sentia eufórico ao rever velhos amigos, as mesmas brincadeiras em torno do ritual de chegada dos novatos, ou seja, passar por tudo novamente para manter as velhas tradições. Na verdade uma grande farra. No retorno da pizzaria alguém me disse: "Pronto! Você agora é 'choqueana' de novo". Até a farda ergueu-se frente aos meus olhos de modo diferente, como se nunca a tivesse usado. Experimentar novamente a sensação de poder, de me sentir forte pelo simples fato de colocar o fardamento rajado, contemplando do lado de cá os olhares que oscilam entre estranheza e admiração por parte da sociedade, dava-me o ânimo necessário para enfrentar as exigências que o trabalho operacional requer.

Fui aceita no grupo novamente. Aos poucos os laços de confiança se estabelecem com o público masculino. Nada mudou no que se refere a ter que mostrar o tempo todo que posso estar ali e que essa confiança tem um preço. Todos os dias, as mulheres têm que estar preparadas para os testes aos quais são submetidas. Desde uma simples direção de veículos às situações mais extremas que envolvem a atividade policial. E essa sensação é contínua, pois a cada momento em que se consegue êxito é como se ficasse apta para o próximo teste.

Em abril de 2012, uma rebelião em um presídio de Aracaju atraiu grande atenção da imprensa nacional e internacional, devido à gravidade dos eventos. Os 476 detentos se rebelaram durante a visita semanal, conseguindo render três agentes penitenciários, apoderando-se de duas armas com munições, e mantiveram 128 familiares dentro do presídio por mais de 30 horas. Nesse cenário, várias forças se uniram em uma operação conjunta, incluindo polícia, bombeiros, equipes de saúde, negociadores, judiciário, entre outros. O Batalhão de Choque, destinado a diversas missões, considerou a rebelião no presídio como uma das mais desafiadoras, exigindo alta concentração, habilidades técnicas, preparo físico e controle emocional.

Cerca de 80 policiais foram mobilizados para essa missão, dos quais dois eram mulheres. O serviço ininterrupto durou aproximadamente 35 horas, com breves intervalos para descanso e alimentação. Improvisou--se um alojamento com colchões no chão em duas salas fornecidas pela organização do presídio. Homens e mulheres, exaustos e tensos, aguardavam o desfecho da situação. Ao BPChq, incumbia a responsabilidade de entrar em estabelecimentos prisionais, realizar revistas nos presos e (re)estabelecer a ordem. Após intensas negociações bem-sucedidas, os presidiários concordaram em entregar as armas, libertar os reféns e os familiares. O BPChq e a Companhia de Operações Especiais-COE puderam então executar uma entrada tática nas dependências do complexo para restabelecer a ordem após o caos.

Dois aspectos me chamaram significativamente a atenção. Primeiramente, pude observar a igualdade de condições físicas e psicológicas entre os policiais, homens e mulheres, compartilhando o mesmo alojamento sem conflitos de interesses ou questionamentos. A cumplicidade do cansaço, de corpos que permaneciam no local por um longo período, aliada à vontade comum de resolver o problema da melhor maneira possível, prevaleceu. Em segundo lugar, destaco a alocação das mulheres nas ações de choque. Uma delas foi designada, com um colega masculino, para a função de coleta de dados, catalogando meticulosamente as ações do grupamento de choque. A outra foi designada como atiradora. Esse cenário reflete a superação dos estereótipos de gênero. Em uma situação de extremo risco como essa, a necessidade de priorizar competência e habilidade sobre questões de gênero se tornou evidente. Saí desse episódio com a clareza de que, em determinados momentos, as situações outrora conflitantes podem desaparecer diante das demandas urgentes do momento.

A narrativa dos eventos do cotidiano policial tem como objetivo aproximar o leitor da intensidade da vida real. No entanto, a partir deste ponto, pretendo que a figura da pesquisadora se destaque mais do que a da mulher policial, a fim de proporcionar uma compreensão mais clara das questões emergentes nesse cotidiano profissional. Dessa forma, a proporção entre o sujeito (mulher policial) e a pesquisadora será inclinada um pouco mais para esta última, considerando as propostas delineadas para este trabalho, as quais serão exploradas posteriormente.

LISTA DE ABREVIATURAS E SIGLAS

AL CFS – Aluna (o) Curso de Formação de Sargentos

ASIMUSEP – Associação Integrada de Mulheres da Segurança Pública em Sergipe**BESP** - Batalhão Especial de Segurança Patrimonial

BGO – Boletim Geral Ostensivo

BPChq – Batalhão de Polícia de Choque

BPGd - Batalhão de Policiamento de Guardas

BPM - Batalhão de Polícia Militar

BPTran – Batalhão de Trânsito

CCSv - Companhia de Comandos e Serviços

CDC – Controle de Distúrbios Civis

CFAP – Centro de Formação e Aperfeiçoamento de Praças

CFS – Curso de Formação de Sargentos

CFSd – Curso de Formação de Soldados

CFO– Curso de Formação de Oficiais

CHO - Curso de Habilitação de Oficial

CIOSP – Centro Integrado de Operações em Segurança Pública

COE- Companhia de Operações Especiais

COPE - Centro de Operações Policiais Especializadas

CPChq – Companhia de Policiamento de Choque

CPFem – Companhia de Polícia Feminina

CPRp – Companhia de Polícia de Radiopatrulha

CPRv – Companhia de Polícia Rodoviária Estadual

CPTran - Companhia de Polícia de Trânsito

CPTur – Companhia de Policiamento Turístico

DE – Divisão de Ensino

DSN – Doutrina de Segurança Nacional

EB – Exército Brasileiro

EPMon - Esquadrão de Polícia Montada

FASE-ESTÁCIO – Faculdade de Sergipe

GETAM - Grupamento Tático de Motocicletas
GTA – Grupamento Tático Aéreo
HPM - Hospital da Polícia Militar
IBGE – Instituto Brasileiro de Geografia e Estatística
IML - Instituto Médico Legal
MCN – Matriz Curricular Nacional
PAC – Posto de Atendimento ao Cidadão
PCSv – Pelotão de Comando e Serviços
PEA – População Economicamente Ativa
PFem – Policial Feminina
PM – Polícia Militar/Policial Militar
PMERJ - Polícia Militar do Rio de Janeiro
PMSE – Polícia Militar de Sergipe
PPAmb – Pelotão de Polícia Ambiental
QCG – Quartel do Comando Geral
RDE – Regulamento Disciplinar do Exército
RENAESP - Rede Nacional de Altos Estudos em Segurança Pública
RONE - Rondas Ostensivas de Natureza Especial
SENASP - Secretaria Nacional de Segurança Pública
SSP – Secretaria de Segurança Pública
STF – Superior Tribunal Federal
SWAT – Special Weapons & Tatics

SUMÁRIO

INTRODUÇÃO 35
1. Objeto de Investigação e Problema de Análise. 36
2. Procedimentos Metodológicos 40
3. Estruturação do trabalho. 46

CAPÍTULO I
MULHERES POLICIAIS NO ÂMBITO DAS RELAÇÕES DE PODER: COMPLEXIDADES DO MUNDO CONTEMPORÂNEO 47
1.1 Mulheres, polícia militar e dominação. 48
   1.1.1 Aspectos históricos: condicionantes para a inserção das mulheres nas polícias 48
   1.1.2 A socialização inicial: ritmos intensos com fins específicos 50
   1.1.3 Hierarquia e disciplina: pilares que sustentam a ordem estabelecida 54
   1.1.4 Relações de poder: estratégias propostas, táticas em movimento 55
1.2 Gênero em meio às demandas por justiça social 58
   1.2.1 As noções do justo e do injusto nas práticas cotidianas 62
   1.2.2 O que deve ser reconhecido então? 63

CAPÍTULO II
O MUNDO DO TRABALHO E AS NOVAS CONFIGURAÇÕES 69
2.1 Mudanças nos postos de trabalho: reestruturação e reorganização. 70
   2.1.1 Mulheres na atividade policial no Brasil. 74
   2.1.2 A mulher na Polícia Militar de Sergipe: aspectos históricos 76
   2.1.3 Estrutura organizacional da PMSE: mulheres, contextos e alocações...... 79
   2.1.4 Batalhão de Policiamento de Choque: discreta inserção das mulheres policiais. 83
   2.1.5 O corpo dos corpos 88
2.2 Qualificação e competência nos espaços contemporâneos 93
   2.2.1 Patrulhamento nas ruas de Aracaju: conflitos do cotidiano 95

CAPÍTULO III
CONCEPÇÕES E EXPECTATIVAS SOBRE A PARTICIPAÇÃO DAS MULHERES NO POLICIAMENTO OPERACIONAL..........................99

3.1 Os sujeitos da pesquisa..100

3.1.1 Perfil das entrevistadas: sujeitos centrais.................................100

3.1.2 Sujeitos secundários da pesquisa.......................................104

3.2 A instituição Polícia Militar: falta de estrutura para receber e manter as mulheres policiais em seu quadro organizacional.............................104

3.2.1 Condições de trabalho e formação continuada..........................106

3.2.2 Ocupação de espaços antes dominados por homens: situações conflitantes..108

3.3 A imagem pública da PM depois da inserção das mulheres...................109

3.3.1 Estigmas consolidados: entre a acomodação e resistência................109

3.4 Relações de gênero e policiamento operacional.............................113

3.4.1 Indignação pelo não reconhecimento das capacidades inerentes à função: o "ser mulher" dificultando os acessos..117

3.5 Múltiplos aspectos do serviço operacional: os olhares se cruzam.............122

3.5.1 Mulheres e homens: em que momento os discursos se unem.............132

3.5.2 O olhar de quem comanda...134

CONSIDERAÇÕES FINAIS..137

ATUALIZAÇÕES E REFLEXÕES: DOZE ANOS DEPOIS.....................139

REFERÊNCIAS..143

INTRODUÇÃO

No mundo do trabalho as transformações são bastante frequentes. As inovações tecnológicas, o mercado e a concorrência acirrada contribuem para que essa dinâmica atinja os mais diversos setores. A inserção da mulher no mercado de trabalho avança conjuntamente desse processo, perfazendo um campo vasto para estudos empíricos, nos quais o papel da mulher, nas várias esferas de atuação, produz espaço propício para fomentar discussões na área das Ciências Sociais.

Tais transformações ocorrem também no contexto da segurança pública brasileira. Nas últimas três décadas é possível verificar a tentativa de implantar um novo modelo de segurança no país, tendo relevância, segundo Porto (2009), o fato de a violência urbana propagar-se de maneira tal que, a sociedade conclame por ações e decisões por parte do Estado a fim de minimizar a criminalidade e a violência. Outro ponto importante dentro da temática de segurança pública tem sido a articulação do Estado em prol de se mudar a imagem das forças policiais perante a sociedade. De acordo com David Bayley[8], considerado um dos mais importantes pesquisadores sobre polícias no mundo, as forças policiais precisam ser inteligentes e justas. Inteligentes no sentido de serem capazes de soluções para problemas e locais específicos, criando estratégias e avaliando resultados; e justas como fator determinante para qualidade do trabalho policial, pois mediante uma política pautada em valores como honestidade e respeito contribuem para uma maior aproximação com a população.

No Brasil, tais concepções começam a fazer parte da agenda política voltada para a segurança pública na década de 1980, no sentido de minimizar o afastamento entre polícia e sociedade produzido pelo histórico da ditadura. Paralela a essas mudanças no cenário das polícias, emerge, internamente, a participação das mulheres policiais. A presença feminina nas diversas esferas (trabalho, escola, política, ciências) pode ser vista com maior incidência a partir da segunda metade do século XX. No âmbito acadêmico, os estudos de gênero passam a ocupar lugar de destaque nas Ciências Sociais, mas as discussões sobre o trabalho da mulher nas polícias militares é recente. Elas começam a se tornar visíveis no fim do período ditatorial, início da década de 1980, e, desde então, a disputa por esse

---

[8] Na abertura do II Encontro Anual do Fórum Brasileiro de Segurança Pública realizado em março de 2008.

espaço de trabalho vem se consolidando. Trata-se de um processo lento e gradual, haja vista o modelo de masculinidade amplamente difundido no seio da instituição, provocar conflitos. A análise da presença da mulher no processo de trabalho da instituição polícia militar vem, portanto, propor articulações para as questões de gênero suscitadas nesse contexto.

1. Objeto de Investigação e Problema de Análise

Este trabalho, denominado *Mulheres policiais: desigualdades e estratégias no cotidiano das unidades operacionais*, busca compreender em que medida as mulheres atuantes no serviço operacional da Polícia Militar de Sergipe, com foco na capital Aracaju, enfrentam as estratégias propostas pelas relações de força estabelecidas no cotidiano do trabalho, a fim de elencar possíveis situações de desrespeito e discriminação, haja vista o modelo de masculinidade ainda ser predominante no cotidiano das práticas policiais ostensivas. A proposta central consiste em estudar o trabalho realizado por mulheres policiais que estão inseridas nas unidades operacionais da Polícia Militar de Sergipe, como é o caso do Batalhão de Choque, analisando, portanto, as dinâmicas que emergem das relações sociais de gênero.

Nesse sentido, o problema de análise consiste em compreender como o trabalho das mulheres policiais, inseridas em unidades operacionais da Polícia Militar de Sergipe, especialmente no Batalhão de Choque, se configura nas relações de gênero e poder estabelecidas nesses ambientes predominantemente masculinos?

Dimensões de investigação:

1. Condicionantes históricas: a inserção das mulheres nas polícias, o processo de socialização específico nas instituições policiais, os pilares que sustentam essa ordem. Além disso, discutir as questões de gênero e justiça na busca por reconhecimento social.

2. Mundo do trabalho: Investigar as dinâmicas das relações de gênero no ambiente de trabalho, examinando o tratamento mútuo entre policiais, visando identificar situações de desrespeito e discriminação;

3. Relações de gênero e poder: Analisar as relações de poder dentro da instituição, buscando compreender seu impacto no desen-

MULHERES POLICIAIS

volvimento do trabalho das mulheres policiais, e identificar possíveis barreiras ou desafios associados à estrutura de poder.

O interesse por esta pesquisa surge de minhas próprias inquietações e vivências como integrante da instituição, conforme já apresentado. Além disso, a curiosidade em relação à incorporação das mulheres policiais em Sergipe e ao fato de estar em um ambiente onde o *ethos*[9] da masculinidade, ou seja, a concretização do que é esperado dela, é o paradigma a ser seguido, me motivou a compreender e explorar mais esse universo empírico que se abriu amplamente às oportunidades de observações.

Essas primeiras observações deram origem ao trabalho de especialização[10] intitulado "Trajetórias identitárias e trabalho feminino nas unidades operacionais da Polícia Militar de Sergipe", desenvolvido na Faculdade de Sergipe-FASE/ESTACIO em parceria com a Rede Nacional de Altos Estudos em Segurança Pública-RENAESP, em março de 2011.

A partir dessa incursão, junto da oportunidade de explorar com mais profundidade o cotidiano do policiamento operacional, especialmente o trabalho desenvolvido pelas mulheres, busquei estabelecer as propostas para esta pesquisa. O trabalho partiu do pressuposto de que as mulheres que atuam no policiamento ostensivo da Polícia Militar de Sergipe empregam como estratégia principal para se estabelecer nesse contexto, predominantemente masculino, a qualificação profissional, aliada à resistência aos estereótipos femininos, visando serem reconhecidas de maneira mais justa em suas práticas laborais. Um segundo pressuposto considera que as práticas sociais são orientadas por relações de poder vinculadas aos mecanismos de controle comuns às instituições, como a PM, mas que são passíveis de intervenção por parte dos agentes envolvidos, de acordo com suas habilidades específicas.

Em uma instituição composta majoritariamente por homens, na qual os padrões de virilidade, força física e capacidade para a ação são amplamente difundidos, a ideia de associar atributos de feminilidade e o porte de arma em um mesmo ser foi, por muito tempo, considerada improvável e socialmente não aceita. Contudo, com as transfomações no mundo do trabalho, as mulheres gradualmente conquistaram novos

---

[9] Referente aos valores fundamentais que se relacionam ao que se espera do masculino, traduzido por aquilo que concretiza a masculinidade, por exemplo: força, rigidez, tonicidade, dentre outros.

[10] Uma pesquisa bibliográfica de caráter exploratório, orientada pelo Prof. Me. João de Deus Gomes da Silva, visando estudar os aspectos e percepções presentes no cotidiano policial sobre a inserção dos trabalhadores (as) para o exercício de suas funções.

espaços fora do ambiente doméstico. O modelo tradicionalmente estabelecido para a mulher, vinculando-a ao papel de cuidadora e protetora do lar, foi transposto para os quartéis da polícia militar. Essa transposição foi crucial para manter as mulheres na função maternal socialmente aceita, haja vista que,

> [...] ao se reafirmar a ideia de que as mulheres teriam uma natureza feminina marcada por uma "formação psicológica peculiar" possibilitaria um melhor aproveitamento para os cuidados com menores e outras mulheres, tentando, assim, construir/reconstruir uma imagem de polícia mais preventiva e menos repressiva (Moreira; Wolff, 2009, p. 59).

Quando as mulheres foram aceitas nesse espaço, era no padrão considerado feminino que melhor se encaixavam. No entanto, em um contexto caracterizado por transformações múltiplas e complexas, como a crise do capitalismo e suas consequências nas relações sociais e na qualificação profissional, novos dispositivos surgiram para manipular o tempo e as vontades de ambos os sexos. Um exemplo disso é o controle do corpo por meio de técnicas de concepção, processo em que a mulher foi se individualizando, uma vez que o prazer se dissociou da procriação (Roudinesco, 2003).

Essas transformações também atingem diretamente a atividade policial. Para atender às novas demandas do campo da Segurança Pública, propostas a partir da década de 1980, nas quais se indica um caminho de prevenção em vez de coerção, o trabalho feminino, segundo Soares (2005), foi reconhecido como portador das qualidades necessárias para a implementação desse novo modelo. Assim, as mulheres foram incluídas no contexto da atividade policial militar para desenvolver trabalhos de cunho social e em setores burocráticos. Anteriormente, a ideia amplamente aceita de que as mulheres eram inferiores aos homens as mantinha afastadas do trabalho ostensivo. Uma vez inseridas, a pesquisa de Maria Celina D'Araújo (2011) indica a construção de uma identidade feminina pautada na fragilidade e sensibilidade, na qual aos homens caberia o dever de protegê-las, livrando-as das funções de combate por serem consideradas frágeis e indefesas, portanto, não aptas para tais atividades.

Contudo, como agentes capazes de modificar sua própria história, as mulheres passaram a ocupar um papel cada vez mais visível no cenário das práticas policiais. Assim, é possível explorar as experiências tanto de homens quanto de mulheres, articulando-as com as diversas perspectivas

MULHERES POLICIAIS

de se analisar esses sujeitos em contextos variados. Essa abordagem nos permite refletir sobre as contribuições de cada um no processo histórico e nas ações do presente (Braga, 2011).

Nessa perspectiva, destacam-se alguns estudos que traçam a história da inserção das mulheres na atividade policial no Brasil, com foco específico na polícia militar. Entre eles, os trabalhos de Listgarten (2002), Calazans (2003), Capelle (2006) e Lombardi (2010) proporcionam uma análise reflexiva sobre a formação do trabalho feminino no contexto policial. Essas contribuições serão exploradas mais detalhadamente ao longo deste trabalho, enriquecendo a compreensão do tema.

Diante desse contexto, concentramos nossa atenção nas condições de trabalho das mulheres que atuam em unidades operacionais na cidade de Aracaju, especificamente no Batalhão de Choque[11], na Companhia de Radiopatrulhamento e no Pelotão de Polícia Ambiental. Nessas unidades, onde os modelos tradicionais masculinos são preponderantes, surgem questionamentos relevantes: existem situações de discriminação ou desrespeito inseridas nessas relações? Em caso afirmativo, quais são? Como são abordadas as questões de justiça e injustiça no cotidiano laboral? Até que ponto o reconhecimento profissional e social desempenha um papel significativo nesse contexto? Entretanto, para explorar essas questões na pesquisa, não seria suficiente adotar apenas uma perspectiva feminina; tornou-se necessário considerar a vivência cotidiana e a percepção do outro sobre si, uma vez que homens e mulheres desempenham funções específicas no âmbito policial.

Sim, a partir da análise das condições de trabalho das mulheres, foi possível compreender como se estabelecem as relações sociais de gênero, bem como identificar as estratégias por elas adotadas para se firmarem efetivamente nesse espaço. Esse entendimento constitui o objetivo principal da pesquisa.

As questões da pesquisa abordam vários aspectos relevantes para compreender a presença das mulheres nas unidades operacionais da Polícia Militar de Sergipe, incluindo o processo histórico de inserção, as percepções de justiça e injustiça no cotidiano de trabalho, as demandas por reconhecimento social sob a perspectiva de gênero, as competências

---

[11] Batalhão de Choque constituiu-se o principal ponto de observações diárias para a pesquisa, mas também participaram policiais femininas de outras unidades que tem como ponto em comum o serviço operacional, como é o caso da CPRp e do PPAmb.

necessárias ao desempenho policial e a análise dos discursos fomentados pelas relações sociais de gênero. A pergunta central da pesquisa é sobre as táticas utilizadas pelas mulheres policiais para obter reconhecimento em um contexto em que o modelo de masculinidade é predominante.

A complexidade do campo da segurança pública no Brasil é reconhecida, e seu destaque em um contexto de gênero proporciona uma visão mais abrangente sobre o cotidiano das mulheres nas profissões operacionais da PMSE. A pesquisa busca dar visibilidade a um trabalho ainda pouco realizado por mulheres, abordando os conflitos inerentes à profissão e as relações desenvolvidas nesse ambiente. Essa perspectiva enriquece a compreensão das dinâmicas sociais presentes nesse contexto específico.

2. Procedimentos Metodológicos

> *[...] o que convém fazer no trabalho de campo não é tentar reencontrar o que lhe ensinaram ou o que você pode ter lido, mas se deixar levar pelo que se expõe diante dos seus olhos.*
>
> *(Lévi Strauss)*

A abordagem escolhida para a coleta de dados, utilizando entrevistas semiestruturadas e observações diárias, parece ser apropriada para obter informações valiosas sobre as experiências das mulheres policiais nas unidades operacionais da Polícia Militar de Sergipe, especialmente no Batalhão de Choque. As entrevistas permitem uma compreensão mais aprofundada das percepções, experiências e desafios enfrentados por essas profissionais, enquanto as observações diárias fornecem um contexto mais amplo e uma visão direta do ambiente de trabalho.

No entanto, a transição do papel de policial para o de pesquisadora pode apresentar desafios únicos, pois envolve lidar com as próprias experiências vivenciadas. O cuidado e a sensibilidade ao abordar eventos significativos podem ser cruciais para garantir a objetividade da pesquisa. Além disso, o envolvimento emocional pode influenciar a análise dos dados, sendo importante manter uma perspectiva crítica e reflexiva.

Quanto à resistência por parte de alguns participantes durante as entrevistas, é comum encontrar variedade nas respostas dos entrevistados, e essa diversidade pode ser valiosa para a pesquisa. O respeito pela decisão de não colaborar é essencial, e a pesquisa pode explorar as razões por trás dessa escolha, se os participantes estiverem dispostos a compartilhá-las.

MULHERES POLICIAIS

A incorporação de observações diárias e a atenção minuciosa ao contexto oferecem uma riqueza de dados que pode enriquecer significativamente a pesquisa. A abordagem qualitativa, centrada na imersão no ambiente de estudo, proporciona *insights* valiosos sobre as práticas cotidianas, interações e dinâmicas presentes no Batalhão de Choque da Polícia Militar de Sergipe.

Ao destacar a importância das anotações pormenorizadas, ressalta-se a necessidade de documentar detalhes específicos do processo, o que é fundamental para uma análise mais aprofundada. No entanto, é crucial reconhecer que a presença do observador pode influenciar a dinâmica do ambiente estudado. A reflexividade sobre o papel do pesquisador é essencial para garantir uma interpretação precisa dos dados coletados.

Além disso, a menção à mudança significativa ao longo do processo de pesquisa sugere uma abordagem dinâmica, na qual as observações não são estáticas, mas evoluem com o tempo. Essa sensibilidade às mudanças e adaptações ao longo do caminho fortalece a robustez da pesquisa.

A inclusão do depoimento pessoal como recurso metodológico destaca a intenção de ampliar a compreensão das práticas observadas, trazendo a perspectiva individual dos policiais para enriquecer a análise. Ao incorporar essa abordagem, busca-se não apenas os eventos e interações no ambiente do Batalhão de Choque, mas também a experiência subjetiva dos participantes, o que pode fornecer *insights* valiosos sobre as percepções e significados atribuídos às práticas cotidianas.

O uso de entrevistas semiestruturadas, com um roteiro previamente elaborado, demonstra uma abordagem cuidadosa e direcionada na coleta de dados. Essa estratégia permite a flexibilidade para explorar temas específicos enquanto mantém uma estrutura que assegura a consistência na obtenção das informações desejadas.

A escolha do Batalhão de Choque de Sergipe como universo de pesquisa se mostra estrategicamente relevante, dada a sua caracterização como uma unidade operacional com padrões rígidos e condutas específicas, predominantemente alinhadas aos modelos masculinos. A presença das mulheres nesse contexto representa um ponto de transformação nas dinâmicas cotidianas, suscitando um interesse legítimo em compreender e investigar essas mudanças.

Ao focar nas mulheres que trabalham no Batalhão de Choque, a pesquisa se aprofunda nas particularidades da população observada, buscando informações sobre seus comportamentos e interações. A opção por estudar de forma específica as mulheres nesse ambiente permite uma análise mais detalhada e aprofundada das experiências dessas profissionais. Assim, foi observada a interação no campo das atividades do BPChq que é um lugar singular na estrutura da PMSE. O Batalhão que tem sede na Rua Castro Alves, 481 no bairro Ponto Novo em Aracaju, é dotado de estrutura adequada e confortável para os trabalhadores. Há alojamentos masculinos e femininos, equipados com ar-condicionado e refeitório para aproximadamente 40 pessoas.

Dessa maneira, a descrição do Batalhão, com suas instalações adequadas, equipamentos e refeitório, oferece um contexto físico que pode influenciar as interações e vivências cotidianas dos policiais, proporcionando um cenário mais compreensível para a pesquisa.

Os critérios de escolha dos entrevistados foram estabelecidos com base no requisito de estarem trabalhando ou terem trabalhado em uma unidade operacional, de preferência no BPChq, considerando que este foi o local das observações. Essa seleção foi orientada pela percepção, proveniente de outras pesquisas, de que a aceitação da participação feminina em setores administrativos, conhecidos como atividade meio[12], na polícia militar, costuma ser mais favorável em comparação aos setores atribuídos tradicionalmente aos homens, como é o caso do serviço operacional, também conhecido como atividade fim[13].

Surpreendentemente, algumas mulheres que fazem parte ou já fizeram parte do Batalhão de Choque optaram por não participar da pesquisa. Apesar da explicação detalhada sobre o estudo, com os devidos resguardos aos participantes, muitas delas apresentaram diversas razões para a não participação.

A entrada no campo, ao contrário do que eu inicialmente pensava, foi difícil para mim devido ao fato de fazer parte da instituição. Percebia um distanciamento das pessoas que eram próximas a mim, o que colocava dificuldades para os encontros e resultava em uma evitação de contato. Em busca de alternativas, tentei me aproximar de outros conhecidos, que, inicialmente, surtiram efeitos positivos. No entanto, as dificuldades em estabelecer contatos surgiram novamente. Tentei durante os dias de serviço facilitar a aproximação, mas muitos nem atendiam ao telefone. Tudo

---

[12] Atividade Meio – Atividades desenvolvidas na área administrativa.

[13] Atividade Fim – Atividades desenvolvidas no policiamento ostensivo.

MULHERES POLICIAIS

isso culminou na desistência da obtenção dessas entrevistas, devido ao tempo exíguo para a entrega da pesquisa. Como há poucas mulheres no BPChq, passei a contar com o discurso de outras policiais que trabalham em diferentes unidades operacionais, obtendo excelentes conversas ao longo desse percurso.

Nas observações indiretas feitas com o auxílio de entrevistas[14], que vieram a ser o principal instrumento dessa pesquisa, procurou-se entender o significado que os participantes atribuem à sua prática social e aos eventos do cotidiano. A maioria dessas entrevistas foi conduzida em ambientes externos ao contexto militar, a fim de proporcionar às entrevistadas(os)[15] um ambiente mais confortável para discutir o assunto. Em uma das entrevistas realizadas no próprio batalhão, observou-se uma rapidez nas respostas em comparação com as demais, além de certa tensão e pressa nas respostas. No entanto, as entrevistas enfrentaram alguns obstáculos[16].

Um dos casos que merece destaque ocorreu com uma das entrevistadas pretendidas, a qual, mesmo após inúmeras tentativas de contato, evitou o compromisso. No entanto, em determinado momento, foi possível perceber uma certa inquietação por parte dessa policial feminina em relação ao serviço proposto no batalhão. O serviço de patrulhamento demandava a divisão das guarnições, e a entrevistada em questão foi preterida por seus colegas masculinos, o que a deixou profundamente aborrecida. Naquele momento, parecia que ela consideraria conceder a entrevista, mas acabou por não o fazer. Outro obstáculo ocorreu no início da pesquisa, quando o Batalhão de Choque contava com oito mulheres em um universo de 190 integrantes, reduzindo-se, em pouco tempo, para apenas três mulheres, o que complicou o processo de pesquisa. Em conversas informais, alguns membros (homens) do batalhão sugeriram que o comandante à época não tinha interesse na permanência de mulheres na rotina da unidade. Ao longo da pesquisa, houve uma mudança no comando do batalhão, e

---

[14] Entrevistas transcritas não de forma literal, mas, ajustadas ao padrão da língua portuguesa.

[15] Aos entrevistados homens foi dado o codinome "Policial Militar" e às mulheres o codinome "PFem" seguido da idade e do tempo de serviço, fazendo alusão a uma norma prática bastante utilizada no seio da Polícia Militar. Durante o curso de formação de soldados as mulheres policiais são apresentadas a essa nomenclatura específica, sendo instituído o homem como PM (Policial Militar) e a mulher como PFem (Policial Feminina).

[16] Durante boa parte da pesquisa foram se levantando alguns obstáculos. Ao contrário do que pensava muitas das entrevistas agendadas foram muito difíceis de realizar. Ora por falta de tempo, as atribuições de cada um, ora por perceber inquietação e resistência em participar. Apesar de fazer parte do meio e demonstrarem em princípio confiança na minha proposta, alguns não realizaram elencando diversos motivos. Outro obstáculo encontrado é a lentidão na obtenção de dados junto à instituição, dificultando o processo de análise.

as mulheres retornaram gradualmente, totalizando, ao final desta investigação, seis integrantes.

A pesquisa concentrou-se nos seguintes grupos de sujeitos: as mulheres policiais alocadas[17] no BPChq, CPRp, PPAmb, totalizando um efetivo de dezoito mulheres. Dessas, nove foram submetidas a entrevistas[18]. Adicionalmente, foram entrevistados dois policiais militares masculinos, membros das equipes operacionais no BPChq, e o comandante do batalhão. A escolha de entrevistar homens que compartilham o cotidiano de trabalho com as mulheres objetivou obter uma compreensão mais abrangente e contextualizada das dinâmicas presentes no ambiente operacional[19].

Portanto, a compreensão da organização específica proposta para esse estudo é buscada por meio do registro detalhado das observações que resultam da imersão na rotina dos participantes. Esta pesquisa, rica em detalhes, também apresenta desafios significativos na análise desses. A entrada no espaço de estudo e a conquista da confiança são elementos cruciais do processo de pesquisa, destacando aspectos que têm implicações sociológicas (Becker, 1994).

Além disso, outro procedimento adotado para o desenvolvimento da pesquisa foi a consulta à documentação exclusiva da polícia militar, o Boletim Geral Ostensivo (BGO). Por meio desse documento emitido diariamente, foi possível observar as frequentes transferências de mulheres do Batalhão de Choque para outros setores da polícia no mês de maio de 2011[20]. Importante ressaltar que apenas uma dessas transferências ocorreu por "conveniência própria"[21], enquanto as demais foram por conveniência do serviço, ou seja, independentemente da solicitação das transferidas. Tais questões, no entanto, foram mais aprofundadas durante as entrevistas.

Então, na perspectiva de aprofundar o assunto e estabelecer uma relação/interação social entre pesquisador e pesquisado, as entrevistas e observações constituem-se nos principais procedimentos adotados para esta pesquisa. O contato direto com os agentes do campo empírico é que

---

[17] Com exceção da primeira mulher a integrar o BPChq.

[18] Todas as entrevistas foram gravadas sob consentimento dos participantes.

[19] Ver no Apêndice C o perfil dos entrevistados.

[20] BGO (Boletim Geral Ostensivo) N. 090 de 20 de maio de 2011.

[21] Termo próprio utilizado nas instituições militares para designar quando a pessoa pede para ser transferida de local.

permite a verificação dos dados coletados nas entrevistas[22], complementando a mesmas. Desse modo,

> Visando compreender melhor os significados de um acontecimento ou de uma conduta, a fazer inteligentemente o ponto da situação, a captar com maior perspicácia as lógicas de funcionamento de uma organização, a refletir acertadamente sobre as implicações de uma decisão política, ou ainda a compreender com maior nitidez como determinadas pessoas apreendem um problema e a tornar visíveis alguns dos funcionamentos das suas representações, se pode assim qualificar um trabalho de investigações em ciências sociais (Quivy; Campenhoudt, 1998, p. 19).

O processo de construção dos dados divide-se em dois momentos: primeiro o levantamento estatístico de onde e como se encontram as mulheres na PMSE, devendo aparecer o contexto histórico que sedimenta as suas ações. E o segundo que, por meio das entrevistas e observações, possibilitou a análise dos discursos das pesquisadas. Ora utilizando o que Certeau (1994), chamou de "artes de dizer" para compreender as lógicas que se movem para suas ações. Ora

Obtendo de Michel Foucault (1977, 1988, 1993, 2003) as referências necessárias para se pensar as relações de poder, para quem as verdades dos discursos estão intimamente ligadas às relações de poder que a induzem. É essa perspectiva de análise, portanto, que envolve o espaço de trabalho, as vivências e narrativas dessas mulheres que atuam no policiamento operacional, com seus pares e superiores, que se busca compreender as relações ora estabelecidas.

As narrativas coletadas abordaram temas como trajetória profissional, o trabalho no serviço operacional, percepções do trabalho feminino nas unidades operacionais, pontos positivos e negativos no cotidiano de trabalho. O objetivo desses temas foi levá-las a falar desde as generalidades sobre o trabalho até chegar às particularidades, explorando o que as incomoda e provocando reflexões. Dessa forma, foi possível observar as estratégias utilizadas pelas mulheres para resistir e permanecer no trabalho operacional, desafiando os rótulos que lhes foram atribuídos ao ingressar na instituição. Essa abordagem contribui para o estabelecimento de novos padrões de policiamento. Assim, a análise dos dados

---

[22] A duração era de 30 minutos a uma hora em média. Das oito entrevistadas, apenas uma passou de duas horas de conversa.

coletados permite revelar o que não foi explicitamente dito no discurso, correlacionando essas informações com o referencial teórico utilizado e interpretado no objeto de pesquisa.

3. Estruturação do trabalho

O livro está estruturado em três capítulos, cada um abordando aspectos específicos relacionados à presença das mulheres nas forças policiais:

No primeiro capítulo, são analisadas as condicionantes que influenciam a inserção das mulheres nas polícias. Destaca-se o processo de socialização específico nas instituições policiais, explorando os pilares que sustentam essa ordem e os parâmetros das relações de poder. Além disso, são discutidas questões de gênero e justiça, especialmente no contexto da busca por reconhecimento social.

O segundo capítulo inicia-se com uma revisão de estudos sobre mulheres nas instituições policiais e no mundo do trabalho, progredindo para a análise da inserção feminina em profissões tradicionalmente masculinas, com foco nas unidades operacionais da polícia militar. O contexto específico da Polícia Militar de Sergipe é apresentado com um histórico dos Batalhões de Choque no Brasil e em Sergipe, suas atividades cotidianas e abordagens teóricas relacionadas a padrões e procedimentos nas unidades operacionais.

No terceiro capítulo, a pesquisa direciona-se para as relações sociais de gênero no policiamento ostensivo, utilizando dados obtidos durante a investigação. O objetivo é compreender essas relações à luz dos parâmetros teóricos estabelecidos, destacando as experiências e desafios enfrentados pelas mulheres nas unidades operacionais.

O livro é finalizado com as considerações finais, proporcionando um resumo dos principais pontos discutidos em cada capítulo e uma reflexão sobre as categorias de análise e as percepções obtidas ao longo da pesquisa.

CAPÍTULO I

MULHERES POLICIAIS NO ÂMBITO DAS RELAÇÕES DE PODER: COMPLEXIDADES DO MUNDO CONTEMPORÂNEO

Parece-me que o lugar das mulheres na sociedade não é um produto direto do que ela faz, mas do significado que suas atividades adquirem através da interação social concreta.

(Rosaldo; Lampphere, 1979).

Neste capítulo, propõe-se uma breve discussão sobre as instituições policiais, suas especificidades e as relações de poder presentes no contexto da inserção da mulher. Abordaremos os pilares da hierarquia e disciplina, as estratégias e táticas que emergem nas relações de poder, bem como as características de dominação comuns às instituições policiais, com enfoque nas questões de gênero. Também exploraremos as questões de justiça e as formas de reconhecimento social que se constroem nas interações cotidianas.

As instituições policiais, por sua natureza, são entidades que se destacam pela complexidade de suas estruturas e pela presença marcante de relações hierárquicas. A hierarquia e a disciplina são fundamentais para o funcionamento dessas organizações, estabelecendo padrões de conduta e ordem necessários para o cumprimento de suas missões.

Com a inserção crescente das mulheres nas instituições policiais, novas dinâmicas de poder surgem. Será analisado como as relações de gênero influenciam as estratégias e táticas dentro dessas organizações. O papel da mulher nas instituições policiais é um fenômeno em constante transformação, suscitando debates sobre equidade e desafios específicos enfrentados por essas profissionais.

A dominação nas instituições policiais muitas vezes reflete estereótipos de gênero arraigados. Exploraremos como essas características de dominação se manifestam no cotidiano, afetando mulheres que buscam se afirmar em ambientes historicamente masculinos. A análise se concentrará em compreender como tais dinâmicas moldam a experiência das mulheres policiais.

Questões de justiça permeiam o ambiente policial, influenciando as relações interpessoais e a percepção do trabalho. Investigaremos como as formas de reconhecimento social se constroem no cotidiano policial, destacando a importância do reconhecimento justo e equitativo para um ambiente de trabalho saudável e produtivo.

Ao final deste capítulo, espera-se oferecer uma compreensão histórica e inicial das complexidades do mundo contemporâneo das instituições policiais, especialmente no que tange à presença e atuação das mulheres. A análise dessas relações de poder e questões de gênero é fundamental para lançar luz sobre os desafios e oportunidades que se apresentam nesse contexto específico.

1.1 Mulheres, polícia militar e dominação

1.1.1 Aspectos históricos: condicionantes para a inserção das mulheres nas polícias

As polícias militares brasileiras podem ser definidas, de acordo com a CF[23] em seu art. 144, como forças de segurança auxiliares e reservas do Exército, tendo por principal função a polícia ostensiva e a preservação da ordem pública nos estados e Distrito Federal. Estas aparecem no contexto da segurança pública como portadoras de poder legítimo, em um corpo disciplinado, segundo o pensamento de Foucault (1987), com vistas ao controle social, normatizando o comportamento público por meio da consolidação da ordem estabelecida. No entanto, como se trata de um espaço constituído sobre os alicerces da masculinidade, percebe-se, no entanto, a inquietude e os conflitos quando este se abre para a inserção de mulheres no cotidiano do trabalho policial.

Na década de 1950, foi criado em São Paulo, o "Corpo de Policiamento Feminino", sendo este o primeiro estado que abriu espaço para a inserção de mulheres no campo da segurança pública no país. No entanto, até 1970, com a criação da Polícia Militar de São Paulo (PMSP), homens

---

[23] Constituição Federal de 1988.

e mulheres não ocupavam a mesma instituição policial, haja vista elas desenvolverem policiamento específico em uma organização diferenciada. As mulheres tinham por atividade fim os cuidados com as minorias, ou seja, crianças, idosos e mulheres. A partir da década de 1970, as polícias militares brasileiras passaram por um processo de militarização, sendo comandadas por oficiais do exército com o intuito de melhorá-las, aperfeiçoá-las, associando-as aos padrões de burocratização excessiva, já existentes no Exército Brasileiro. Nesse período, de acordo com Shactae (2010), a Organização das Nações Unidas instituiu a década da mulher com o intuito de combater as desigualdades de gênero, adotando políticas de defesa dos direitos das mulheres. Com isso, o governo foi influenciado, permitindo, assim, a abertura dos quartéis à participação das mulheres.

Outro fator de destaque nessa abertura de espaço é que, após o período ditatorial, a presença da mulher começou a ser utilizada com o fim de amenizar a imagem da segurança pública, que se encontrava muito abalada perante a sociedade, tentando a construção de uma polícia mais preventiva mediante a natureza feminina nas funções de proteção e maternagem. A elas foram atribuídas tarefas de humanização, a fim de reconstruir uma imagem menos repressiva da polícia (Moreira; Wolff, 2009).

As policiais femininas eram, portanto, o cartão de visita da instituição. Havia espaços e afazeres determinados, utilizando a imagem de mulher maternal, feminina, condições estas que lhes foram naturalmente atribuídas ao longo da história. Nesse caso, isto ocorria em espaços previamente pensados para veicular a imagem de auxílio, proteção, que fossem de grande alcance visual, com a finalidade de promover uma imagem da polícia mais próxima da ideia de moralidade e maior credibilidade junto à sociedade (Calazans, 2007). Assim, com a inclusão das mulheres na polícia poderia se pensar em "uma mulher policial militar detentora de um poder humanizador e civilizatório, circulando em espaços de visibilidade destinados culturalmente às camadas médias no desempenho do policiamento que cuida, orienta e protege" (Moreira; Wolff, 2009, p. 64).

Seguindo essa linha histórica, pode-se perceber um quadro de muito tradicionalismo em relação às questões do policiamento no Brasil. Um momento crítico: década de 1980, a crise policial e abertura política depois de tantos anos sob o regime autoritário, tornam prementes a necessidade de mudanças no âmbito da segurança pública no país. De imediato, era preciso dar um caráter mais sociável às atividades policiais, haja vista toda a marca negativa de coerção e truculência nas relações estabelecidas com a polícia até então. Nessa conjuntura, as mulheres policiais vão se tornando visíveis no país (Soares, 2005). Ao tempo em que mudanças paradigmáticas ocorriam no mundo do trabalho, também oportunizara a inserção de mulheres nesse contexto. Contudo, a polícia, ainda atrelada ao militarismo, parecia não estar preparada para esta nova composição em seus quadros e efetivos, a mulher policial (Braga, 2010).

1.1.2 A socialização inicial: ritmos intensos com fins específicos

Em uma estrutura hierarquizada como a da polícia militar, pode--se observar que a composição e recomposição do espaço dependem de diversos fatores. As ações iniciais dentro da instituição giram em torno de aceitação de normas, fazendo com que se adquiram comportamentos adequados à esfera militar. A análise sistêmica permite observar se o indivíduo que foi inserido no contexto do militarismo está devidamente adaptado ao novo regime, compartilhando dos mesmos valores por meio de inserções integradas.

Para entender o cotidiano de uma instituição policial foi utilizado o aporte teórico dos estudos de Erving Goffman por tratar das interações sociais cotidianas. As instituições militares, que são caracterizadas como instituições totais[24], nas quais os indivíduos são isolados da sociedade, tendo suas atividades concentradas e normatizadas, foram, então

> [...] estabelecidas com a intenção de realizar de modo mais adequado alguma tarefa de trabalho, e que se justificam apenas através de tais fundamentos instrumentais: quartéis, navios, escolas internas, campos de trabalho, colônias e grandes mansões do ponto de vista dos que vivem nas moradias dos empregados (Goffman, 1974, p. 17).

Para Goffman (2005), os indivíduos ao ingressarem nessas instituições são separados da sociedade por um período de tempo, estando em igualdade entre si. Tais grupos são submetidos a uma rotina rígida, horários inflexíveis, atividades coletivas, debaixo de autoridade rigorosa, tendo por finalidade mantê-los sob vigilância. Assim, sendo a polícia militar um ambiente cercado de simbolismos nas relações de poder tem-se,

---

[24] Instituição total definida como um lugar de residência e trabalho no qual um grande número de indivíduos, colocados na mesma situação, separados do mundo exterior por um período relativamente longo, levam juntos uma vida reclusa cujas modalidades são regulamentadas de forma explícita e minuciosa.

logo de início, lutas a serem travadas nas relações que ali se desenvolvem, sejam elas hierárquicas ou não.

Segundo Pinto (1996), em sua pesquisa sobre instituições militares, ao chegar a uma instituição militar a primeira coisa que se faz é separar os grupos em fileiras, em pelotões propriamente ditos. O mundo começa a se fechar em quadrados, nos quais é preciso estar atento aos comandos fornecidos. Pequenos erros são passíveis de punição, de chacota no meio dos outros, tanto por parte dos superiores como também pelos seus pares. A doutrina instrui que se deve primar pelo posicionamento perfeito, sem erros, posturas adequadas que permitam a execução exímia das ordens. Dessa maneira, o corpo vai mudando, enrijecendo, perdendo características do mundo civil tais como, relaxamento, indecisão, para um comportamento enérgico, preciso. As regulamentações em uma instituição são feitas por meio de horários rígidos, cuidados com aparência, uniforme impecável, até o tempo de permanência no alojamento é cronometrado. Contudo, dentro dos espaços do alojamento e do refeitório, é possível fugir um pouco do rigor e sentirem-se mais à vontade, ou seja, menos controlados.

O aluno(a) ao ingressar na polícia militar é submetido ao processo de *mortificação do eu* apontado por Goffman (1974). No período do Curso de Formação de Soldados (CFSd), a exemplo da turma de 2002[25], era como se quisessem limpar o que eles possuíam de singular e transformar em um padrão específico. É comum ouvir o termo "aluno é bicho"[26], referindo-se ao fato de que não devem sequer pensar, não tendo, portanto, identidade própria. Até as roupas[27] estabelecidas como fardas para os alunos de soldados são denominadas de "bichoforme".

Os primeiros dias parecem intermináveis. Tudo é regido por horários. A chegada, a parada matinal para a retirada das faltas e as determinações do dia a serem proferidas são cercadas do temor do cometimento de erros e transgressões ao regulamento[28]. Os pelotões logo se formam, trazendo consigo as maneiras de se portar em forma, o aprendizado da marcha, a

---

[25] Concurso público realizado pela Universidade Federal de Sergipe para 200 candidatos, sendo 160 homens e 40 mulheres. A Ata de encerramento do CFSd/2002-2003 da 1.ª turma foi lavrada no dia 6/3/2003 com um total de 192 concludentes, sendo 37 mulheres. A Ata da 2.ª turma foi lavrada em 14/7/2003 com duas mulheres que voltavam da licença maternidade. Assim, concluíram um total de 194 alunos, dentre os quais 39 mulheres. Estes dados foram obtidos junto à Divisão de Ensino do CFAP.

[26] Nome dado aos novatos pelos policiais mais antigos

[27] Calça jeans, camiseta branca e tênis preto.

[28] O regulamento para a Polícia Militar é o RDE – Regulamento Disciplinar do Exército que especifica as transgressões cometidas pelos policiais, regulando o comportamento deles.

postura firme, até tornar aquele corpo unificado em algo viril e exemplar, totalmente adestrados.

Os comandos de *sentido, firme, descansar, sentado um dois, de pé um dois, frente para retaguarda,* que fazem parte da disciplina Ordem Unida[29] ecoavam diariamente em nossas cabeças, disseminando para os corpos, impondo um novo modo de vida, o estilo militar. Sendo assim, é a partir da condição de "bichos", situados simbolicamente num estágio 'pré-humano' que os treinamentos assinalam para esses atores um novo nascimento, em que só é possível alcançar a condição de militar, objeto do respeito dos seus pares, aceitando as condições desse novo mundo no qual pretendem permanecer. Aceitar a dor e as sessões de constrangimento é requisito indispensável à vida do militar- guerreiro, aquele que primeiramente desconstruiu os seus próprios limites, que renasceu a partir do sofrimento e alcançou a dignidade e o reconhecimento de seus pares, ao passar de forma intensa e rápida para a vida da caserna (Souza, 2008, p. 137).

Essa mudança intensa de comportamento é sentida mediante as dificuldades da adaptação. Por exemplo, aceitar o tempo proposto para o banho, haja vista ser bastante restrito, dispondo de poucos minutos para cerca de 40 mulheres em um compartimento diminuto, desencadeia verdadeiro alvoroço. Ao retornar do banho o chefe de turma[30] anota quem, por ventura, estivesse atrasado(a) para a instrução seguinte, o que ocasiona a punição da turma inteira. Essas punições acabavam por incitar os colegas entre si, principalmente os homens em relação à demora das mulheres no alojamento.

De acordo com Castro (1997), os policiais militares passam por um intenso processo de socialização, o qual tem por principal objetivo construir barreiras entre o mundo interno e externo aos quartéis. Assim, o curso de formação pode ser entendido como ritual de passagem, a fim de que se desenvolva o modo de vida militar limitado aos que se encontram na cadeia de relações de comando-obediência. Como resultado, a todo o momento é cobrado dos recém-chegados que se submetam cegamente às ordens, sob pena de estarem sendo observados e avaliados por meio de

---

[29] Disciplina que tem como objetivo básico a disposição individual e consciente altamente motivada para a obtenção de determinados padrões coletivos de uniformidade, sincronização e garbo militar e é organizada segundo o Manual de Ordem Unida – C 22-5 do EB.

[30] Aluno responsável pela apresentação do pelotão. A chefia muda semanalmente e a este eram dadas as incumbências de registro das faltas, colocação do pelotão em forma, apresentação dele a cada instrutor e superior hierárquico que chega à sala de aula, dentre outras.

exames rigorosos, ou seja, o tempo todo eles buscam inserir-se, bem como a aceitação mediante as normas a serem cumpridas, ou seja, a adequação ao ambiente. Para Goffman (1974), o ritual de passagem se caracteriza pela mortificação do eu, quanto aos novatos são colocadas barreiras para que se destituam de si mesmos, estando assim, totalmente inseridos no contexto militar, ambiente propício para o aparecimento dos estigmas.

A marca de diferenciação que há em alguns grupos sociais, como por exemplo, os policiais militares, acaba por gerar referências para toda a sociedade. Tais referências podem ser observadas quando a população os reconhece como truculentos, mal educados, corruptos, atributos que, de acordo com Goffman (1988), são, em geral, depreciativos e se movem segundo a linguagem de relações. A esse conjunto de relações, de como os outros lhes percebe, dá-se o nome de estigma.

O termo estigma refere-se aos sinais corporais com os quais se procura evidenciar alguma coisa de extraordinário ou mau sobre o status moral de quem os apresenta. Decerto que, são criadas expectativas em torno do que cada indivíduo possa vir a ser socialmente, na verdade uma imputação social. Quando essas expectativas não são atendidas, o indivíduo passa a ser visto de forma diminuída. Um estigma é então um tipo especial de relação entre atributo e estereótipo, uma espécie de generalização sobre um grupo que pertence a uma categoria social.

> A questão do estigma não surge aqui, mas só onde há alguma expectativa, de todos os lados, de que aqueles que se encontram numa certa categoria não deveriam apenas apoiar uma norma, mas também cumpri-la (Goffman, 1988, p. 9).

O autor refere-se ao estigmatizado como aquele ou aquela que só visto é por aquilo que lhe sobressai aos demais. O autor declara que um dos maiores problemas do estigmatizado é a relação de aceitabilidade. Quando se pensa no ambiente policial, podemos entender o porquê de ser um mundo tão fechado em si, fazendo a partição, tão comum no interior da corporação, entre mundo civil e militar. Este totalmente abrigado nos parâmetros da disciplina e hierarquia, os quais são pilares amplamente utilizados no interior da corporação.

1.1.3 Hierarquia e disciplina: pilares que sustentam a ordem estabelecida

A visão e organização do mundo militar são norteadas pelos princípios da hierarquia e disciplina. Isso porque atuam em todas as esferas da vida social militar. O poder que é distribuído e normatizado nas instituições militares vai desde a divisão de tarefas e papéis a serem desempenhados às relações de poder com base na obediência às ordens estabelecidas (Listgarten, 2002).

De fato, a hierarquia é ordenada de acordo com postos e graduações ou, quando se trata dos pares[31], é definida por antiguidade. Aos dois segmentos, os oficiais e as praças cabem, segundo o regulamento vigente, as devidas atribuições. Aos oficiais o exercício de comando, chefia e direção da organização policial e às praças a execução das ordens estabelecidas. Contudo, a hierarquia se mantém em todas as esferas, pois mesmo quando estão em igualdade de patentes prevalece a antiguidade[32] (Aranha, 1997).

A disciplina, por sua vez, adestra e molda a massa desorganizada com o objetivo de atender os fins que a instituição requer. Ela traz em si a função de construir corpos submissos e adaptados aos objetivos institucionais, inibindo ações motivadas por interesses individuais (Listgarten, 2002). Com isso, a autora explicita como a subordinação hierárquica define o que é apropriado ou não para cada situação prática, contribuindo para cumprimento das ações e manutenção da disciplina.

Dito de outro modo, a hierarquia e a disciplina são consideradas os pilares das organizações militares e têm por finalidade tornar os corpos, que ali se encontram submetidos ao regime, em "corpos dóceis"[33]. Visto que "O sucesso do poder disciplinar deve-se, sem dúvida, ao uso de instrumentos simples: o olhar hierárquico, a sanção normatizadora e sua combinação num procedimento que lhe é específico, o exame" (Foucault, 1987, p. 153).

Ainda sobre hierarquia e disciplina, Takahashi (2002) salienta que, a mulher, ao entrar em uma instituição militar, incorpora os vários papéis existentes no espaço institucional, constituindo-se em militares

---

[31] Pares no sentido de pertencerem à mesma graduação.

[32] Muito comum ouvir entre conversas de policiais uma frase que já se tornou adágio popular: "antiguidade é posto!".

[33] Termo cunhado por Michel Foucault.

MULHERES POLICIAIS

e não mulheres militares. Com isso, sob um contexto de subordinação e extrema vigilância é que as mulheres constroem seu espaço, haja vista os dois pilares constituírem o caráter central da identidade militar.

Portanto, depreende-se que a disciplina é fundada nos padrões da hierarquia, ou seja, nas relações de poder verticalizadas, e é utilizada como técnica de controle dentro das instituições policiais. Por meio desses dois pilares são desenvolvidos inúmeros tipos de relações de poder que se mantêm no âmbito dessas instituições em todos os contextos existentes.

1.1.4 Relações de poder: estratégias propostas, táticas em movimento

As relações de poder ocultas nas relações de gênero podem ser observadas levando-se em consideração que, quando os seres humanos se reconhecem como homens e mulheres e daí constituem diferentes contextos históricos, culturais e sociais, estão produzindo reagrupamentos e ressignificações na dinâmica dessas relações, ou seja, construindo e reconstruindo esses sujeitos (Meyer, 1996). Para Foucault (1987) os saberes, técnicas e discursos produzidos se misturam com as práticas de poder exercidas sobre os corpos, sendo o poder exercido por meio do domínio do corpo, sem necessariamente tocá-lo. Muito mais no âmbito da consciência que no físico.[33]

Tais práticas dentro das instituições policiais são constitutivas do que Foucault (1987) chama de adestramento, ou disciplinarização. Sob o mesmo ponto de vista, Pereira (2006) aponta para a questão de que a cultura policial se orienta a partir das relações de poder e que estas constituem o sujeito policial ao mesmo tempo em que lhes são submetidas também ao aparato de normas e regulamentos. A autora coloca essa perspectiva como um traço cultural constitutivo do ofício de ser polícia, tendo ao lado da justiça e do sistema prisional, a modalidade de poder repressora no seio da sociedade. A essa conjuntura social, vista por Foucault (1987) como sociedade disciplinar, compete a função de docilização dos corpos, a fim de torná-los úteis por meio do poder disciplinador.

O poder, segundo Foucault (2003), configura-se como um lugar estratégico na sociedade, um tipo particular de relação que influencia e modifica a conduta dos indivíduos. A diferenciação do poder está no fato de que alguns indivíduos podem mais ou menos determinar a conduta de outros, entretanto, não de modo repressivo, usando força física, mas pelos atributos de dominação. Essa conjuntura de poder pode, também, desencadear, segundo o autor, resistência e recusa, quando não há sujeição de uma das partes aos propósitos estabelecidos dentro das relações. Isso contribui para que as relações de poder sejam complexas e produtoras de outros poderes. Assim, o controle dos corpos se dá por técnicas outras que não seja mais a violência física em si, como já fora na época dos espetáculos punitivos[34].

Consequentemente, as técnicas que controlam o tempo promovem vigilância sobre os corpos, organizam os espaços, comuns às instituições militares, produzem conhecimento que, segundo Foucault (1987), são percebidas no sentido de não apenas se amoldar, mas também de questionar por meio de gestos, atitudes e posturas, constituindo, assim, as mesmas práticas que disciplinam o corpo em estratégias de poder a serem utilizadas dentro dessas relações.

De acordo com as estratégias utilizadas, Foucault (1987) propõe uma análise a partir das oposições que vão surgindo, bem como dos mecanismos de resistência frente às formas de poder, como é o caso da hierarquia de gênero. Tais oposições não se desenvolvem apenas nas grandes instituições de poder, mas comumente no cotidiano das interações sociais, pois, para o autor, o poder é inerente a toda a sociedade. Foucault coloca ainda que o poder atua sobre nossos atos em meio a uma rede de relações constituídas em meio à diversidade de convívios sociais, perpassando por todo o corpo social na forma de discursos, atitudes, gestos, com a finalidade de exercer o controle dentro dessa estrutura.

De acordo com Foucault (1988), tanto os homens como as mulheres são construção e consequência de uma estrutura de poder. São elementos que se constituem em estratégias de poder, como por exemplo, quando os homens definem-se a si próprios e veem as mulheres como diferentes. Segundo esse autor o poder pode ser exercido negativamente quando se anula, censura e proíbe, mas também no sentido positivo quando se permite a criação e a fala. Não se tratando, portanto, de um poder fixo atrelado às estruturas fixas, mas um poder que permite ação, resistência e que se movimenta em vários tipos de relações.

---

[34] As punições físicas, os castigos-espetáculos foram por muito tempo o foco principal do processo penal. Ao se punir o corpo esperava-se desviar o homem do crime. Com o desaparecimento dos suplícios e o nascimento das prisões, surgiu a supressão da liberdade que, de certo modo, também pune o corpo com sua vigilância, privação, mas, na forma abstrata da lei (Foucault, 1987).

Os tipos de relações de poder apontados por Foucault (1995) são bem distintos, com múltiplas formas, podendo ser observados sob os seguintes pontos: sistema de diferenciações, no qual se privilegiam as diferenças econômicas, culturais, linguísticas, bem como as habilidades e competências; o tipo de objetivos que motivam as ações de uns sobre os outros que podem ser manutenção de privilégios, obtenção de lucros ou o exercício de uma profissão; os tipos de modalidades utilizadas, ou seja, ameaça mediante armas, palavras, controle por meio de vigilância com regras explícitas ou não; outro ponto é a questão das formas institucionalizadas com regras fixas, estrutura hierarquizada, regulamentos próprios, como é o caso da família, das instituições militares e do próprio Estado; e há ainda o grau de racionalização que os indivíduos possuem que os faz perceber as estratégias de poder.

Foucault diz também que, as resistências estão inscritas nas relações de poder de modo pontual e que estas assumem posicionamentos variados dentro do contexto, partindo do pressuposto estabelecido pelo autor de que não existe poder sem resistência, haja vista o mesmo poder subordinador é também o elemento pelo qual se pode exercer resistência. Isso nos faz recorrer ao pensamento de Butler (2003) no qual se percebe que as relações de poder são capazes de provocar tanto a submissão quanto a constituição do sujeito.

Desse modo, podem-se utilizar das relações de poder como um conceito para mapear as relações de gênero e as disputas que sobrevêm destas. Por meio dessas relações é possível reconhecer as estratégias que homens e mulheres utilizam para conviver e também tomar posições em determinados espaços da sociedade, além da possibilidade de se reconfigurar a visão da mulher subordinada ao homem (Capele, 2010).

De acordo com Certeau (1994) as estratégias são organizadas tendo como ponto de partida o poder que, na verdade, é o cálculo das relações de força com tipos específicos de saberes para determinar e conquistar um lugar para o sujeito dentro da perspectiva do querer/poder. Essa conquista acontece dadas as circunstâncias nas quais os indivíduos podem influenciar e também reinventar aquilo que os influencia, ou seja, criando táticas capazes de subverter aquilo que ora os domina.

Com relação às táticas, Michel de Certeau as define como uma ação calculada, mas sem autonomia, haja vista contar sempre com o outro e a partir do outro. A tática é o movimento, a mobilidade das ações propostas. Utiliza as falhas abertas na vigilância do poder para criar surpresas a fim de estar onde menos se espera. As forças de poder são distribuídas, pois este é visível, dando, desse modo, a possibilidade de fazer com que as mesmas apareçam por meio de astúcias geradas com a finalidade de combater as estratégias que aparecem nas relações de forças que podem se desenvolver sob a perspectiva de gênero.

1.2 Gênero em meio às demandas por justiça social

As concepções de gênero ocupam lugar de destaque nas Ciências Sociais, contribuindo para o conhecimento das relações sociais. A partir do conceito no qual o gênero se refere aos aspectos relacionais, com um "caráter fundamentalmente social", as noções tradicionais se alargam a fim de afastar-se dos tais determinismos biológicos, pois o que se constrói socialmente sobre os sexos é o que interessa ao gênero (Scott, 1988). O gênero, segundo a autora, é uma categoria na qual se permite a análise e possibilita as construções das representações sociais sobre as diferenças percebidas entre os sexos.

Em um texto mais recente, Scott (2005) afirma que os termos igualdade e diferença fazem parte de uma relação paradoxal, para os quais se levantam em um mesmo eixo questões como aceitação e rejeição da identidade de grupo quando se é discriminado; ao mesmo tempo em que se nega também se reproduz as demandas por inclusão. Isso, segundo Matos e Cypriano (2008), perfaz uma nova forma de apreensão no campo dos estudos de gênero, nos quais não se encontram padrões determinados e fechados, mas que se apresentam diante da diversidade, do pluralismo e de uma justiça social complexa.

Souza-Lobo (1991), por sua vez, observa que a importância das análises que têm por objeto as práticas sociais nas quais as relações de gênero se constroem, são as relações que implicam, principalmente, nas hierarquias, ou seja, relações de poder que se constituem em poderes nas sociedades. Logo, por meio das condições em que tais relações se dão é possível articular questões em torno do que é justo e injusto.

Nessa perspectiva nos aproximamos do pensamento de Iris Young com suas teorizações sobre justiça social contemporânea. Ela propõe que haja um relacionamento diferenciado entre os atores sociais que ocupam um mesmo espaço, no qual a pluralidade deva ser mantida sem que haja a unificação das identidades, nas quais as coisas podem ser diferentes sem

MULHERES POLICIAIS

ser contrárias entre si, contribuindo, desse modo, para a consolidação da política da diferença (Young, 2002). Tal política da diferença é reconhecida por dar valor ao feminino fora da estrutura que mantém o masculino como padrão, na qual se permite desconstruir as unidades ditas naturais. O reflexo disso é permitir que a noção de discurso aparecesse como produtora de conhecimento, bem como constituinte da diferença sexual a partir dos discursos que a legitima, a exemplo do discurso masculino que estabeleceu a inferioridade física das mulheres (Scott, 1999).

Na dimensão desse debate podemos pensar nos espaços operacionais da polícia militar, nos quais as dimensões das relações cotidianas, os discursos produzidos, os entraves e conflitos vivenciados por homens e mulheres em toda sua pluralidade ainda estão pouco explicitados. Dessa maneira,

> Há uma construção da identidade feminina, da subjetividade feminina, da cultura feminina, que estão evidenciadas no momento em que as mulheres entram em massa no mercado, em que ocupam profissões masculinas e em que a cultura e a linguagem se feminizam (Rago, 1998, p. 31).

Ao entrar no espaço público, as mulheres, defende a autora, transformam estes espaços colocando novas questões na pauta das discussões do cotidiano social. A partir da década de 1970, a visão contemporânea de cidadania associada ao bem-estar social vai favorecer a emergência dos movimentos sociais antes reprimidos pelo regime militar, dando lugar à busca pela igualdade em oposição à antiga segregação social (Neves, 2002). Essas transformações dão margem para se pensar várias questões que demandam por justiça social, nos diversos espaços de trabalho, a partir da luta por reconhecimento, como veremos mais adiante. Tal questão abre a possibilidade de que se reconheçam as especificidades da mulher, bem como no sentido de que as mulheres tenham oportunidades de acesso a todos os direitos, recursos e capacidade sem que precise se comparar aos homens (Cornell, 1999 *apud* Rodrigues, 2010).

Posteriormente, retornaremos às questões de reconhecimento e justiça social. Agora, faz-se necessário observar que, é nesse contexto já estabelecido culturalmente, a participação feminina se efetiva. Segundo Hall (1997), a cultura é concebida como um campo de luta e contestação, no qual produz tanto os sentidos quanto os sujeitos que constituem os diferentes grupos sociais em sua singularidade. Compreende-se, portanto, que a cultura precisa ser analisada quanto ao seu impacto na constituição da subjetividade, da própria identidade e da pessoa como um ator social, em meio à construção dessas identidades. O autor afirma que, tais identidades resultam do deslocamento do sujeito, ou descentramento do mesmo, em relação ao sujeito moderno de identidade fixa e estável, descritos por meio de rupturas nos discursos do conhecimento moderno.

Uma dessas rupturas, de acordo com Hall (1997) se dá com o feminismo, a partir da década de 60, tanto como crítica teórica quanto como movimento social. O ponto de deslocamento a que Stuart Hall se refere está no fato de que, com o movimento feminista, abriu-se campo para contestação em diversos pontos da vida social, tais como, família, sexualidade, divisão do trabalho, cuidado com crianças, formação de identidade de gênero, entre outros. Tais rupturas produzem um sujeito resultante de identidades inacabadas, fragmentadas, produzindo variedade de diferentes posições desse sujeito dentro de suas relações cotidianas.

Como resultado, o cotidiano dessas relações e as mudanças ocorridas no mundo do trabalho abriram novas possibilidades que antes eram vetadas às mulheres. Entretanto, no interior da instituição militar foram mantidos os mesmos padrões sociais que se referem à mulher para fora dela, ou seja, a reprodução dos papéis que mantém as relações de dominação do masculino sobre o feminino. Dessa maneira, permanece a lógica do patriarcado, na qual mantém o masculino como padrão. O masculino segundo Cruz (2009) é o sujeito do trabalho apresentado como universal. Esse domínio a que Cruz se refere, no qual as mulheres estão sujeitas, está ligado ao fato de, historicamente, não serem vistas como indivíduo, mas como grupo.

De modo retrospectivo, podemos pensar o patriarcado que, segundo Weber (1999) como a forma de dominação exercida por uma pessoa dentro de regras fixas e que, geralmente, se dá na esfera econômica e familiar. O autor define dominação como a probabilidade de encontrar obediência a um mandato específico, um poder legítimo emanado de uma estrutura hierárquica de cargos e suas respectivas funções em que se mantém relações de dominação do homem pelo homem, envolvendo sentimentos de prestígio que o poder confere. Enquanto que o poder significa, no sentido weberiano, a capacidade de impor a própria vontade dentro de uma relação social, a dominação é uma questão de obediência à ordem de determinados conteúdos entre pessoas, colocando esta como expressão mais importante de poder.

Poder que "é distribuído de maneira desigual entre os sexos, cabendo às mulheres uma posição subalterna na organização da vida social" (Sorj, 1992, p. 16). Assim, podemos pensar a subordinação feminina dentro de um contexto de relações hierárquicas sob esses aspectos. No caso das mulheres policiais, isso é ainda mais reforçado, por conta das relações de poder e hierarquia que compõem a instituição.

Segundo Cruz (2005), o sistema de dominação social, cultural, política, ideológica e econômica, o patriarcado, que explicaria o uso indiscriminado da força de trabalho com relação às mulheres, é visto como um sistema sexual de poder no qual os homens possuem poder e privilégios, estabelecendo, assim suas formas de dominação e exploração sobre elas e que se perpetua por meio da família e da divisão sexual do trabalho.

Ainda com relação à dominação, podemos observar na noção de *habitus* proposta por Bourdieu (1999) que, os atos de conhecimento e reconhecimento práticos produzem aceitação implícita, fora de sua própria vontade, por parte dos dominados, atentando aos limites que lhe são impostos. E que existem formas implícitas de dominação, formas estas que revelam às relações de poder inscritas na sociedade um poder invisível, digo simbólico que atua de acordo com a cumplicidade daqueles que não querem saber e acabam consentindo que a relação de dominação se estabeleça. Podemos pensar nesse poder invisível no que se refere à ideologia de que a mulher pertence ao espaço privado e o homem ao espaço público.

De acordo com Cruz (2009), os conceitos de público e privado, sendo este proposto como ambiente destinado à mulher vem se constituindo como ferramenta importante para a teoria feminista. A quebra dessas fronteiras envolve análises e mudanças nas formulações propostas pelo movimento. Seguindo o pensamento de Cruz, no qual a movimentação da mulher na esfera pública do trabalho é parte integrante do processo, embora a mesma tenha sido oculta de ser sujeito dessa história, nos remete ao ambiente proposto para esse trabalho, ou seja, as unidades operacionais da polícia militar, que são carregadas historicamente por marcas profundas no seio da sociedade, as quais foram geradas desde a sua criação.

Todavia, cabe aqui salientar que apesar do posicionamento teórico da presente pesquisa não eleger o termo patriarcado como referência, tem-se que levar em conta que a naturalização dessa temática está contida na sociedade. Desse modo a explanação do tema é feita no sentido de configurar um tipo hierárquico de relação que invade espaços do social, tal como se caracteriza nas polícias militares. No entanto, a categoria utilizada nesse trabalho é a de gênero, pois esta busca um avanço e redefinição dos papéis de homens e mulheres que compõem o universo proposto para essa análise, contribuindo para a construção de relações mais justas.

1.2.1 As noções do justo e do injusto nas práticas cotidianas

E o que vem a ser justiça? Na verdade, a questão principal é compreender as relações no interior da PM, especificamente no policiamento operacional, não como práticas que visam a estabelecer a justiça, mas como forma de lidar com a injustiça, ou seja, o sentimento de injustiça é que leva os (as) integrantes a pôr em questão a ordem estabelecida. E a qual injustiça nos referimos?

Quando se pensa em John Rawls e seu clássico *Uma teoria da justiça*, pode-se observar como princípios básicos de justiça, liberdade e igualdade que devem, portanto, reger uma sociedade democrática. O primeiro com igual direito às liberdades de consciência, de falar, votar, possuir bens, entre outros; e o segundo, que as eventuais diferenças na distribuição de riqueza poderiam ser toleradas se elas fossem vantajosas para todos. Como regra, Rawls (2003) enfatiza que o primeiro princípio é superior ao segundo quando eles estiverem conflitando, pois, para o autor, as liberdades são mais importantes que as desigualdades.

As ideias desenvolvidas por John Rawls, nas quais se devem adotar os critérios considerados válidos para a definição de uma sociedade justa, estabelecendo princípios básicos de justiça a fim de se obter uma sociedade bem ordenada com uma estrutura básica definida para a qual os cidadãos livres e iguais cooperam entre si, formam o cerne de várias teorias que surgiram depois. Algumas delas se mostram contra como é o caso dos comunitaristas, enquanto outras ampliam as ideias de Rawls a fim de conciliar os conflitos entre o que é justo e injusto.

Numa pequena síntese dessa diversidade de opiniões podemos observar que, diferente do pensamento de John Rawls está Ronald Dworkin que teorizou sobre a igualdade de distribuição dos recursos. Para Dworkin (2002), a prioridade dada ao princípio de liberdade em detrimento da igualdade não se justifica. Para ele, os direitos individuais só fazem sentido se forem concebidos como necessários para aquilo que a igualdade requer. Enquanto que, para Walzer (2003), o que é justo em uma esfera pode ser injusto para outra dentro de uma igualdade complexa.

MULHERES POLICIAIS

Segundo Höffe (2001), o justo e o injusto ocorrem de acordo com as práticas humanas sob diversos aspectos, tais como sujeito, regras, ação, sistema e as instituições que os compõem. Se pensarmos aqui na participação cada vez maior das mulheres no mercado de trabalho e, consequentemente, em locais majoritariamente masculinos, podemos pressupor que isso se constitui em fator contribuinte para a equidade de gênero, haja vista que mediante os conflitos que são gerados no cotidiano profissional emergem discussões que acabam por promover abertura para que sejam reconhecidas certas necessidades, não obstante o fato de estarem atrelados aos padrões militares que propiciam o modelo masculino dentro de uma estrutura pouco voltada para o feminino, dificultando, assim, formas mais justas e equilibradas de convivência profissional.

De acordo com Neves (2007), é nessa perspectiva de realizar justiça que se aborda a questão da luta por reconhecimento como sendo uma forma de justiça para com as minorias e, por conseguinte, para o bem-estar dos indivíduos. Todavia, não se podem esquecer as injustiças advindas do não reconhecimento e desprezo sociais.

1.2.2 O que deve ser reconhecido então?

As questões que envolvem o reconhecimento social, a reivindicação de direitos, constituem-se em um dos aportes teóricos que sustentam este trabalho. As lutas por liberdade, igualdade e participação têm assinalado pontos de grande relevância para a construção da história das mulheres na sociedade. As desigualdades, por sua vez, atingem o âmbito das relações sociais e vão além, fazendo-se necessário que a sociedade reconheça e adote medidas que visem a garantir ao sujeito que se constrói ter sua autoestima preservada, podendo este(a) pensar-se a si próprio (Honneth, 2003). O autor aponta alguns entraves, dos quais partem a luta por reconhecimento. São modos de desrespeito que impedem o indivíduo de chegar à realização. Dentre elas, a referência negativa, a falta de respeito por parte de certos indivíduos ou grupos; a negação de direitos que diminui a autoestima; e situações que afetam a integridade corporal dos sujeitos, bem como sua autoconfiança.

A partir de experiências individuais de desrespeito pode-se considerar a posterior participação coletiva, pois o que se origina como descontentamento individual se propaga para a coletividade por meio do conflito, dando impulso para a resistência social, para a qual se passa a enxergar e reivindicar o reconhecimento de relações sociais mais justas. Está, dessa maneira, caracterizada a luta por reconhecimento. Para Axel Honneth, esse sentimento coletivo de injustiça nasce quando bens específicos de um grupo não são reconhecidos por outros. As formas de reconhecimento demandadas dos conflitos sociais cotidianos surgem, portanto, quando o desrespeito por parte de alguns impede a formação pessoal de identidade. Desse modo,

> [...] os motivos de resistência social e da rebelião se formam no quadro de experiências morais que procedem da infração de expectativas de reconhecimentos profundamente arraigadas. Tais expectativas estão ligadas na psiquê às condições da identidade pessoal, de modo que elas retêm os padrões sociais de reconhecimento sob os quais um sujeito pode se saber respeitado em seu entorno sociocultural como um ser ao mesmo tempo autônomo e individualizado; se essas expectativas normativas são desapontadas pela sociedade, isso desencadeia exatamente o tipo de experiência moral que se expressa no sentimento de desrespeito (Honneth, 2003, p. 258).

Dito de outro modo, o indivíduo ao longo de sua trajetória cria expectativa em torno das mais diversas situações em seu cotidiano. O não atendimento disso provoca frustração e, por conseguinte, se sente desrespeitado naquilo que julga importante. É um tipo de não reconhecimento.

Na Polícia Militar de Sergipe, pode-se observar que essa luta por reconhecimento é travada nos conflitos pela aquisição de boas condições de trabalho para as mulheres. Não só as condições estruturais, mas também para não serem impedidas de executar, por exemplo, as funções inerentes ao policiamento ostensivo apenas pelo fato de ser mulher.

Historicamente, foi a partir da Constituição de 1934[35] que, além do voto da mulher se tornar obrigatório[36], estabeleceu-se em seus Art. 121 e 122, algumas leis que versam sobre o trabalho das mulheres. É dessa Constituição que advêm as questões de igualdade salarial entre homens e mulheres; assistência médica "à gestante, assegurando a esta descanso antes e depois do parto, sem prejuízo do salário e do emprego", mas também o veto ao trabalho noturno para elas. Com isso, percebe-se que, entre

---

[35] Disponível em: http://www.planalto.gov.br/ccivil_03/constituicao/constituicao34.htm. Acesso em: 4 maio 2012.

[36] Art. 109 da Constituição de 1934.

avanços e retrocessos com relação ao trabalho da mulher os conflitos não pararam de surgir.

Em Sergipe algumas mulheres de diversos setores da segurança pública se uniram e fundaram uma associação com o fim de minimizar as injustiças sofridas por mulheres no âmbito da segurança pública. Para tanto, foi criada a Associação Integrada de Mulheres da Segurança Pública em Sergipe – ASIMUSEP que visa a reunir mulheres da polícia militar, corpo de bombeiros, polícia civil, guardas municipais, agentes prisionais, entre outras, com a finalidade de dar visibilidade às situações que possam prejudicar as mulheres em suas áreas de trabalho[37].

Os conflitos no ambiente de trabalho sob a perspectiva de gênero podem ser observados na luta que vem sendo travada desde 1997 quando abriram vagas em um concurso interno para o Curso de Formação de Sargentos - CFS. Na época, ofertaram oito vagas para o público feminino, vindo o cancelamento logo em seguida e a confirmação de que o concurso seria apenas para os policiais masculinos. Isso gerou revolta entre as policiais femininas, mas por medo de represálias, de acordo com o relato de uma das inscritas à época, tentaram recorrer apenas em vias internas à instituição, não obtendo êxito.

Somente em 2002 o caso foi levado à esfera judicial, após inúmeras tentativas de obter um parecer do comando geral referente ao caso. O amparo legal para esse caso consta na lei estadual 3696/96[38] que preconiza o percentual mínimo de 10% para o efetivo feminino nos cursos, concursos, bem como para fins de admissão. A espera foi longa até o julgamento do mérito, ganhando em primeira instância[39]. Então, em 2007, com a execução da sentença, o Estado teve que matricular, de imediato, 49 alunas e iniciar, em dezembro do mesmo ano, o CFS/Fem sob a pena de 1.000,00 reais por multa diária. Com o curso em andamento, o Estado

---

[37] Disponível em: www.asimusepse.com. Acesso em: 10 maio 2012.

[38] Lei estadual n.º 3.696, de 15 de março de 1996 em seu art. 3º que foi alterado da Lei n.º 5.511, de 17 de agosto de 1994, passando a vigorar com a seguinte redação: "O preenchimento das vagas de Postos e de Graduações Policiais Militares resultantes da execução ou aplicação desta Lei será realizado por promoção, admissão mediante seleção (concurso), ou por corporação, de acordo com a legislação pertinente, ficando estipulado mínimo de 10% (dez por cento) de vagas para candidatos de sexo feminino até que se complete o efetivo [...]" (Aranha, 1997).

[39] Processo n.º 2002119002168 que teve apreciação do STJ e manteve o parecer do juiz José dos Anjos.

interpôs ação rescisória, alegando que as policiais feriram a nova Lei de promoção de 2001[40].

Contudo, a ação de preterição foi de 1997, ano em que foi tirado o direito de concorrer à graduação de sargento, no qual era permitido fazê-lo por meio de concurso, mesmo de soldado para sargento. A alegação de violação da regra fez com que, mesmo findo o curso de formação, em abril de 2008[41], as alunas não tivessem direito à promoção imediata. Ouvindo os relatos da época, é possível perceber os conflitos que surgiram desde então:

> *Durante esse tempo foram vários constrangimentos vividos, pois vez por outra tínhamos que tirar as insígnias de alunas pelo bel prazer dos comandos e voltar à condição anterior, ou seja, quem era soldado ou cabo voltava a ser o que era antes da decisão. Imagine o que era você hoje estar na função de sargento, comandando guarnição, guarda sargenteação e no outro dia voltar a ser soldado e ser chacoteado pelos companheiros, tirar os piores horários de plantão, ir para faxina, ouvir dos colegas que a pessoa não era coisa nenhuma, receber tapinha nas costas e ser chamada pelo nome só para desfazer de sua pessoa (PFem 16 anos de serviço).*

Todavia, no dia 1/12/2011, após inúmeras audiências marcadas para julgar a ação rescisória, por seis votos contra dois, a ação do Estado foi julgada improcedente, ou seja, tudo que se alegou deveria ser desconsiderado, em prol da manutenção da primeira decisão. Atualmente, as Alunas de Sargento (AL CFS) estão aguardando a execução da sentença, haja vista o processo[42] estar julgado e arquivado, esperando, apenas, que a promoção à graduação de sargentos seja organizada pela PMSE. Essas promoções, uma vez efetivadas, incidirão diretamente nas questões que envolvem posição de comando dentro da instituição. Logo, novos conflitos tendem a surgir, em meio aos já existentes, devido a essa nova constituição

---

[40] Lei de n.º 4.378, de 29 de maio de 2001 que estabelece normas e critérios para promoção de Cabos e Soldados da Polícia Militar e do Corpo de Bombeiros do Estado de Sergipe, que dispõe: "Art. 1º. A ascensão dos Soldados e dos Cabos QPMP-0 e QBMP-0, da Polícia Militar e do Corpo de Bombeiros do Estado de Sergipe, à Graduação de Cabo e de 3º Sargento, respectivamente, serão efetuadas automaticamente por tempo de efetivo serviço e de graduação, após a conclusão dos correspondentes cursos de formação". Disponível em: http://www.tjse.jus.br/tjnet/jurisprudencia/relatorio.wsp?tmp.numprocesso=2009203902&tmp.numa cordao=20093756 Acesso em: 10 maio 2012.

[41] Segundo a Ata de Encerramento do CFS/Fem que data de 30/04/2008 e foi publicada no BGO n.º 087 de 19/05/2008, na qual 48 policiais concluíram o curso.

[42] Processo de 2º grau de n.º 2008602405.

de mulheres policiais, afetando por meio dessas mudanças as práticas cotidianas de várias unidades policiais as quais elas pertencem.

Outro caso envolvendo conflitos no ambiente de trabalho das mulheres na PMSE e que teve bastante repercussão na imprensa local foi o de uma cabo PM, que está na corporação há aproximadamente 15 anos, no serviço rotineiro de um PAC, no início de abril de 2011, no bairro Eduardo Gomes em São Cristóvão, ela, após dezessete horas de serviço, foi até a sua residência a fim de utilizar o banheiro. Ao retornar ao posto recebeu o comunicado que deveria ligar para um oficial que estava supervisionando a área no dia. Ao telefonar para o superior, ela recebeu a ordem de prisão por abandono de posto[43], mesmo tendo avisado aos colegas aonde iria. Segundo matéria divulgada no site da ASIMUSEP[44]: "O detalhe importante a ser observado nesse caso é o de que inexiste banheiro ou alojamento feminino no PAC e a casa da policial está localizada a menos de 200 metros do posto. Além disso, havia oito PM's masculinos que utilizavam as mesmas instalações que ela, durante 24h de serviço". A policial foi, então, conduzida em uma viatura policial até o presídio militar, contudo, lá também não oferecia condições para a permanência dela. Três dias depois, a policial foi liberada por meio de *Habeas Corpus*. Um ano depois, a policial responde o processo na 6ª vara criminal da auditoria militar, no qual, no início de abril do corrente, houve a audiência de qualificação e instrução referente ao suposto crime de abandono de posto de serviço cometido pela PM.

A partir de ações individuais como essa, originadas no desrespeito e que se expandem para o coletivo, vão se ampliando as buscas por oportunidades equitativas de trabalho, gerando, assim, profundas expectativas por reconhecimento. Uma das decisões tomadas pela PMSE a partir do caso relatado consta no BGO 151[45], no qual elege o CFAP como local de cumprimento de punições para as policiais femininas que trabalham na capital, pois não há ainda local específico pensado para as mulheres nesse tipo de situação. As policiais que trabalham no interior podem cumprir as punições em suas referidas alocações. Outra questão para a qual houve avanço dentro da corporação refere- se ao fato de, às policiais que pos-

---

[43] Art. 195 do Código Penal Militar pratica crime o militar que: "abandonar, sem ordem superior, o posto ou lugar de serviço que lhe tenha sido designado, ou o serviço que lhe cumpria, antes de terminá-lo: Pena – detenção, de três meses a um ano".

[44] Disponível em: www.asimusepse.com/caso-cb-ediana-julgamento-parte-i/. Acesso em: 10 mar. 2017.

[45] Vide Anexo E

suem filhos menores de dois anos serem facultadas o direito de trabalhar próximo as suas residências. A Portaria foi publicada no BGO 156[46] em 2011. Houve mudança também na ampliação da licença maternidade de 120 dias para 180 dias, prazo este já aplicado nas forças armadas[47], beneficiando a gestante e a adotante policial-militar estadual. Entretanto, mesmo sob tais avanços, esses reconhecimentos legais não impedem o não-reconhecimento que fica implícito no plano das relações cotidianas, as quais também são carentes de mudanças.

Nessa mesma luta por reconhecimento que busca combater as desigualdades elencadas no cotidiano das relações, estão, segundo Honneth[48], três princípios fundamentais: o amor, o direito (igualdade) e a estima (solidariedade). Por meio destes, os sujeitos são capazes de criar condições sociais em que se possam restaurar as relações de reconhecimento mútuo. Assim,

> Só graças à aquisição cumulativa de autoconfiança, autorrespeito e autoestima, como garantem sucessivamente as experiências das três formas de reconhecimento, uma pessoa é capaz de se conceber de modo irrestrito como um ser autônomo e individuado e de se identificar com seus objetivos e seus desejos (Honneth, 2003, p. 266).

Desse modo, podemos observar que o que fundamenta o reconhecimento para a sociedade moderna está na constituição da subjetividade. O reconhecimento recíproco dos indivíduos na sociedade se dá por meio das interações sociais. O modo como o outro me olha constitui-se em elemento fundamental para a minha autoestima. Tais características permeiam o mundo do trabalho, assim como os tipos de relações que se desenvolvem, buscando em diversos espaços que se abrem à participação feminina a constituição do que é justo e injusto em suas práticas diárias, ou seja, que "Justiça, no mínimo, passa pela compreensão de que se deve evitar a exploração do indivíduo, a humilhação e coerção limitadoras da liberdade e toda e qualquer situação constrangedora que promova a desigualdade social" (Santos, 2010). Desse modo, percebe-se que as demandas das policiais femininas buscam ampliar o espaço de reconhecimento no ambiente de trabalho, inclusive com relação ao policiamento ostensivo.

---

[46] Vide Anexo F

[47] Conforme Parecer da Procuradoria Geral do Estado que consta no BGO n.º 184 de 15 de outubro de 2010. Vide Anexo D.

[48] Segundo Honneth (2003).

CAPÍTULO II

O MUNDO DO TRABALHO E AS NOVAS CONFIGURAÇÕES

As mulheres, enfim, fizeram viagens, em todas as épocas e pelas mais diversas razões. De uma maneira menos gratuita, menos aventureira que os homens porque precisaram de justificativas, de objetos ou de apoio

(Michelle Perrot, 2008, p. 138).

Neste capítulo, almeja-se uma breve discussão sobre as transformações ocorridas no trabalho das mulheres nas últimas décadas. O objetivo é analisar o desafiador ingresso das mulheres no mundo do trabalho, considerando a perspectiva de gênero, suas especificidades históricas, e explorar a experiência brasileira ao longo desse período. Também será feita uma contextualização por meio de estudos sobre a inserção de mulheres em carreiras tradicionalmente masculinas, como é o caso das policiais militares, identificando as características dessa inserção. O texto, posteriormente, volta-se para as questões locais, explorando o contexto sergipano em relação à polícia militar, ao trabalho das mulheres e às atividades desenvolvidas na unidade operacional escolhida como universo de análise.

Abordaremos as mudanças significativas ocorridas no mundo do trabalho, com enfoque no crescente ingresso das mulheres em diversos setores profissionais. Será destacada a perspectiva de gênero como elemento central nesse processo, ressaltando as especificidades históricas que moldaram a trajetória feminina no ambiente de trabalho.

Exploraremos a experiência brasileira nas últimas décadas, analisando os desafios e avanços relacionados à participação feminina no mercado de trabalho. Serão discutidas políticas públicas, movimentos sociais e transformações culturais que impactaram essa realidade, proporcionando um panorama das conquistas e desafios enfrentados pelas mulheres brasileiras no âmbito profissional.

Há ainda, os estudos sobre a inserção de mulheres em carreiras que tradicionalmente foram dominadas por homens, com ênfase nas policiais militares. Serão identificadas as características dessa inserção, destacando os obstáculos e as conquistas das mulheres que optaram por seguir carreiras em setores historicamente masculinos.

Na sequência, focaremos no contexto sergipano, explorando a realidade da polícia militar, o papel das mulheres nessa instituição e o trabalho desenvolvido na unidade operacional escolhida como objeto de análise. Este capítulo proporcionará uma compreensão específica das dinâmicas locais, enriquecendo a discussão sobre as relações de gênero no âmbito policial.

Ao término deste capítulo, espera-se oferecer uma análise abrangente das transformações no mundo do trabalho, destacando a experiência das mulheres nesse contexto dinâmico. A transição para o cenário específico da Polícia Militar de Sergipe permitirá uma compreensão mais aprofundada das particularidades locais relacionadas ao trabalho feminino e ao ambiente operacional escolhido para o estudo.

2.1 Mudanças nos postos de trabalho: reestruturação e reorganização

As transformações de ordem econômica, social e geográfica têm incidência direta na composição da força de trabalho. Mudanças de comportamento, aliadas às novas técnicas que o progresso científico proporciona, tais como controle da fecundidade e expansão da escolaridade, contribuem para o aumento da presença feminina no espaço público.

No entanto, há ainda diversas dificuldades enfrentadas por mulheres no mundo do trabalho, e uma delas é a falta de visibilidade do trabalho feminino que, de acordo com Abramo (1998), significa descobrir que a mulher em relação à empresa, produção e trabalho, pode também refletir sobre suas inúmeras realidades. Nesse sentido, podemos compreender o tratamento limitado que é dado nas questões de inserção das mulheres nas polícias. Tal inserção, geralmente, aponta para os ideais de naturalização do trabalho imposto a elas de acordo com a ótica machista. Assim,

> [...] beneficiando-se da lógica do capital, as mulheres chegaram às instituições policiais no momento de mutações, precarização, globalização e de feminização do mundo do trabalho, encontrando no interior do aparelho policial

militar, uma estrutura vertical, pautada pela divisão hierárquica do trabalho, como um modo e meio totalizante de mediação de relações. Esses modos e meios são determinados, envolvidos e sustentados institucionalmente pelos chamados círculos de convivência de oficiais e praças, passando a ter no gênero dos trabalhadores mais uma fonte de referência nas diversas lutas de poder. Assim, identificamos que o processo de inserção feminina nas polícias constitui um processo de características mundiais, guardadas as devidas proporções, o qual se caracteriza por um modo de inclusão-exclusão-dominação (Calazans, 2004, p. 145).

Fazem parte dessas características e transformações ocorridas no mundo do trabalho nas últimas décadas, o crescimento da participação feminina no mercado de trabalho brasileiro que data dos anos de 1970 (Bruschini, 1994). Entretanto, a divisão sexual do trabalho limitou uma boa parte dessa força de trabalho. As mulheres eram alocadas em trabalhos tipicamente femininos, tais como, empregadas domésticas, operárias, secretárias, balconistas, professoras, enfermeiras, tendo um número bastante significativo ligado ao setor de terceirização dos serviços, que aumentou consideravelmente, na década de 1980. Outra questão relevante é a desigualdade salarial entre homens e mulheres, haja vista a condição sexo ser uma variável responsável por diferenças salariais, junto da variável cor, influenciando, consideravelmente, para a intensa desigualdade salarial entre homens e mulheres.

Com o crescimento da produção e produtividade, aliado à competitividade internacional, houve interferência direta no nível de emprego industrial com intensa seletividade das políticas de pessoal. Desse modo, o enxugamento refere-se a diversos segmentos, dentre eles, as mulheres, mesmo as mais escolarizadas, ganham menos que os homens. Mesmo assim, verifica-se um intenso ingresso feminino no mercado de trabalho, variando segundo suas implicações. As mulheres hoje ingressam mais velhas, casadas e mães, diferente do que acontecia até os anos 70. Há, portanto, uma espécie de feminização de certas atividades tipicamente masculinas. Todavia, a participação masculina também aumenta nos redutos femininos por meio da mixicidade em alguns segmentos, derivada das condições de encolhimento dos postos de trabalho. Nessa conjuntura, aparece o desemprego feminino como resultado da desocupação do setor de serviços que fora responsável por absorver grande número de trabalhadoras. Fatores como dinâmica de ingresso diferente dos homens; as mulheres mais sujeitas aos trabalhos temporários; e as diferenças de condições sociais interferem na questão do desemprego feminino (Guimarães, 2001).

Ainda em 1990, as mulheres continuam ingressando no mercado de trabalho e diversificando os espaços ocupados. A necessidade de horas mais flexíveis para conciliar com as tarefas domésticas e de mães, surgida com a inserção das mulheres no mundo do trabalho, fez com que aparecesse o flexitempo, como aponta Sennet (1999). Os homens acompanharam a mudança e hoje os horários elásticos atuam de várias maneiras. Outro destaque é que a questão dos benefícios obtidos pela expansão do emprego público permitiram às mulheres o acesso a direitos conquistados por meio da Carta Magna, a Constituição Federal. Em todo caso, é preciso romper com uma característica marcante no trabalho feminino, a segregação ocupacional. Tal rompimento possibilitará mudanças de valores e atitudes que, reformulará a divisão sexual no âmbito das responsabilidades profissionais, bem como na constituição do trabalho feminino (Bruschini, 1994).

Tal divisão sexual é apontada por Hirata (2009), como um marcador bem definido da precarização do trabalho feminino. No entanto, o trabalho desenvolvido na polícia militar, de modo geral, define-se pela igualdade de horas trabalhadas, proteção social, aposentadoria, tudo se organiza em um mesmo nível para os que ali trabalham. O que justifica a precarização a que Hirata se refere é a dificuldade em obter uma qualificação formal, pois os cursos disponibilizados pela polícia para as unidades operacionais são bastante disputados.

A variável de gênero também referida por Abramo (1998) como fator que marca o processo de precarização, aparece fortemente no contexto policial, o que nos remete à questão de relevância, a da inserção excluída proposta por Posthuma (1998). As formas precárias de inserção no mercado de trabalho, segundo esta autora, a exclusão das oportunidades para desenvolver novas habilidades constitui, em si, uma inserção excluída. Percebe-se com isso que, a posição das mulheres no mercado de trabalho traz limitações do acesso delas às oportunidades de treinamento e qualificação por meio de capacitação profissional.

Todavia, mesmo com dificuldades, a força de trabalho feminino aumentou consideravelmente nas últimas três décadas. De acordo com IBGE, houve um acréscimo de 32 milhões de trabalhadoras, desempenhando papel de grande importância para a população economicamente ativa (PEA), entre os anos de 1976 e 2007, ao passo que os homens se mantiveram estáveis no mesmo período.

As mulheres ocupavam 54,9%, na década de 1970, dos trabalhos elencados como de maior inserção para elas, os quais figuram nas áreas de alimentação, saúde, educação, serviços domésticos, serviços pessoais e sociais, representando o padrão de ocupação para mulheres na época. Contudo, a inserção da mulher no trabalho se ampliou para outras áreas. De acordo com o banco de dados organizado pela Fundação Carlos Chagas[49] sobre trabalho das mulheres no Brasil, nas famílias de ocupações nas quais a participação feminina é inferior a 30% estão as policiais. Em 2007 de um total de 77.800 policiais e guardas, 11.670 eram mulheres, perfazendo um total de 15% dessa participação. Nas profissões tipicamente femininas, tais como, professoras, enfermeiras, ainda são maioria, chegando a ocupar mais de 70% dos cargos. A pesquisa revela ainda que devido à diversidade nas escolhas profissionais, as mulheres atingiram outros setores por meio da qualificação, principalmente nas profissões de nível superior.

Segundo dados do IBGE[50], a participação das mulheres no mercado de trabalho brasileiro aumentou 18,4% na última década. Das pessoas ocupadas nas regiões metropolitanas pesquisadas, em 2010, as mulheres já ocupam 44,9% do total. Contudo, também aumentou o número de mulheres desocupadas que, em 2008, era de 10,1% enquanto que os homens era de 6,2%. O setor de serviços é o que mais emprega mulheres: em 2007, 46,3% das trabalhadoras estavam nessa área.

Nesse ínterim, o trabalho no setor de serviços, de acordo com Claus Offe (1999), cresce continuamente e possui como características a preparação das competências e qualificações próprias às funções prestadas. Desse modo, destaca-se o trabalho desenvolvido pelas polícias militares, haja vista ser um trabalho que presta serviços à sociedade dentro do esquema de atividades proposto para atingir objetivos estabelecidos, tais como diminuição dos índices de violência em áreas de conflitos.

---

[49] Disponível em: http://www.fcc.org.br/bdmulheres/serie4.php?area=series. Acesso em: 5 maio 2012.

[50] Instituto Brasileiro de Geografia e Estatística – desenvolveu a Pesquisa Mensal de Emprego (PME) na qual aponta algumas características da inserção das mulheres no mercado de trabalho no período de 2003 a 2008 em seis capitais brasileiras e regiões metropolitanas: São Paulo, Rio de Janeiro, Recife, Salvador, Porto Alegre e Belo Horizonte.

2.1.1 Mulheres na atividade policial no Brasil

As transformações sociais e econômicas impulsionam a participação das mulheres no mundo do trabalho em setores bastante diversificados. Com isso, ampliam-se também os conflitos advindos dessas recentes conquistas. As dificuldades encontradas por mulheres que adentram em carreiras masculinas são abordadas em uma pesquisa realizada por Lombardi (2010) que trata da inserção de engenheiras na carreira militar, na Marinha de Guerra do Brasil, duas profissões tipicamente masculinas. A inserção de mulheres nas forças armadas permitiu a conquista de espaços até então restritos à presença feminina, pois, mesmo aprovadas em concurso, elas ainda sofrem resistência por partes dos engenheiros homens. Lombardi aponta para a questão da demonstração de competência profissional e de postura profissional, como uma necessidade da mulher de se impor perante eles.

No trabalho de Calazans (2003) sobre as mulheres na Brigada Militar do Rio Grande do Sul, pode-se observar o perfil e a distribuição entre homens e mulheres na instituição, fixando o olhar nas questões hierárquicas que passam pela dicotomia oficiais/praças, bem como na construção das mulheres em policiais militares, para a qual as mulheres se apropriam de conceitos já estabelecidos institucionalmente a fim de não sofrerem maiores sanções ao pretenderem uma espécie de singularização.

Na pesquisa de Shactae (2006), podemos observar nuances importantes sobre a inserção das mulheres na Polícia Militar do Paraná. Lá foi criado em 1979, um documento que definia a participação das mulheres na estrutura policial, de acordo com a finalidade e o emprego das mesmas. Às mulheres cabiam as funções de orientar, informar, proteger, especialmente no trato com outras mulheres, crianças e anciões. Apesar de serem alocadas em situações de policiamento a pé, motorizado, aeroportos, feiras, dentre outros, a elas era proibido o porte de armas. A autora coloca que, a arma como símbolo do poder masculino, continuaria sob o domínio dele, enquanto que as mulheres cumpririam as tarefas importadas de outros campos da sociedade, tais como família, escola, hospitais, para dentro da corporação. Isso nos coloca frente a um espaço bem marcado pelas diferenças entre masculino e feminino. Ao homem eram atribuídas as funções de um policial militar e a mulher, esta sim, demarcada tão somente como policial feminina.

Em Listgarten (2002), que fez um diagnóstico sobre as policiais militares de Minas Gerais, nas condições em que as policiais femininas se encontram na polícia mineira, pode-se observar que a instituição não se preparou para a inserção da mulher. Dados se revelam na tentativa de anular as características femininas a fim de se construir apenas a policial militar sob os padrões da masculinidade. Em outros momentos isso aparece como fator limitador do desempenho profissional, indicando a não participação das mulheres no trabalho operacional.

Nesse ínterim, mais de 20 anos se passaram e muitas mudanças nos modos de trabalho ocorreram, necessidades surgiram em diversos pontos do contexto abordado. Todas essas contribuições vistas sob a perspectiva de gênero nos ajudam, a pensar e compreender a situação que as mulheres viveram e vivem quando se abordam as questões de policiamento, principalmente o policiamento operacional[51], ou seja, na atividade fim da polícia militar. Segundo Capelle (2006), as mulheres estão debaixo de diferentes visões sociais, em posicionamentos diversos frente à realidade existente, despertando nelas uma reflexão para a qual pode haver tanto a transformação como a acomodação ao modelo já existente.

Dessa maneira, apreende-se que as mulheres policiais vêm conquistando, gradativamente, espaços no policiamento operacional[52], desempenhando funções anteriormente impensáveis para elas. Tem-se no discurso oficial na atualidade[53] que o modelo de segurança pública deve ser orientado para uma polícia pró-ativa[54], a qual é baseada na doutrina de Direitos Humanos. Esta, por sua vez, visa à proteção à vida, saúde e dignidade dos indivíduos, abrindo espaço para se pensar o outro dentro da própria instituição militar. O mesmo discurso aponta para o perfil policial voltado para uma polícia de aproximação à sociedade, valendo aqui lembrar o Art.144 da Constituição Federal, no qual a "Segurança pública é direito e responsabilidade de todos".

Considerando essas assertivas, pode-se pensar na inserção das mulheres como um marco significativo para a instituição policial, na qual se produziu mudanças externas e internas. Dessa maneira, é importante reconhecer que

---

[51] Atividade de manutenção da ordem pública executada com exclusividade pela polícia militar, observando características, princípios e variáveis próprias, visando à tranquilidade pública (Manual Básico de Policiamento Ostensivo, Exército Brasileiro).

[52] Neste estudo, entenda-se policiamento ostensivo e policiamento operacional como sinônimo.

[53] É o discurso encontrado nos manuais, nos sites do governo que envolve as questões de segurança pública.

[54] Antecipa-se na resolução de problemas, age preventivamente, evitando cometimento de crime.

> [...] as mulheres, mesmo como minorias simbólicas, em uma instituição pautada pelo paradigma da masculinidade, introduziram a lógica da diferença, uma vez que produziram desacomodação, desestabilização e desorganização interna nessas instituições, colocando possibilidades de pensar o medo, o risco do ofício de polícia e um questionamento a respeito da ordem estabelecida (Calazans, 2007, p. 146).

Na pesquisa de Capelle (2006), a qual reflete sobre a questão da trajetória das mulheres na Polícia de Minas Gerais, revela maior participação da mulher na polícia por meio da obtenção de mais espaço no policiamento operacional. Isso aparece de forma tal, que a sociedade percebe a importância das mulheres na polícia, transformando assim as relações sociais vivenciadas e a forma como a atividade fim é desempenhada. A autora mostra que a participação das mulheres nas equipes operacionais, com maior ostensividade, é uma estratégia que se mostra capaz de promover reflexão sobre os conflitos que dali surgem, já que não se pode negar que eles existem, subjugando-as e frustrando-as, tão somente sem uma real contribuição laboral.

É desse ponto que avançamos para os rumos a que esse trabalho se propõe. Para além de dar apenas visibilidade à trajetória das mulheres policiais, a pesquisa avança no sentido de compreender como os conflitos gerados nas práticas desses atores envolvidos no cotidiano laboral afetam o contexto do policiamento operacional. Nesse movimento observam-se, mediante as estratégias impostas, as táticas desenvolvidas para o estabelecimento e ampliação do número de mulheres no serviço operacional. Dar visibilidade a essas táticas, a toda essa movimentação em torno das relações de trabalho.

Entretanto, faz-se necessário conhecer o contexto histórico no qual essas mulheres estão inseridas. A seguir veremos um pouco da trajetória, da organização geral da PMSE, bem como as alocações atuais das mulheres policiais.

2.1.2 A mulher na Polícia Militar de Sergipe: aspectos históricos

A Polícia Militar de Sergipe foi criada em 1835[55], de acordo com a Carta de Lei de 28 de fevereiro. Inicia-se como Força Policial de Sergipe, contando com um efetivo de 201 integrantes, entre oficiais e praças, distribuídos em todo território estadual.

---

[55] Disponível em: http://www.pm.se.gov.br/modules/tinyd0/index.php?id=22. Acesso em: 3 abr. 2012.

MULHERES POLICIAIS

Em Sergipe, o ingresso das mulheres nos quadros da polícia militar deu-se no final da década de 1980. Duas são as maneiras de ingressar na Polícia Militar de Sergipe, pelo quadro das praças ou pelo quadro de oficiais. A divisão hierárquica determina o trabalho que, segundo Calazans (2003), aos oficiais são atribuídas às formas de se pensar sobre a polícia e às praças os atributos da eficiência da ação, ou seja, a execução das ordens.

Os dois quadros de acesso, no entanto, são oferecidos por concursos públicos específicos, ingressando como alunos de soldados ou cadetes, respectivamente. As primeiras mulheres da PMSE foram inseridas no Curso de Formação de Oficiais (CFO), no ano de 1989, em Pernambuco. Em Sergipe ainda não há Curso de Formação de Oficiais. Desde então, elas têm, efetivamente, feito parte de todos os quadros de acesso da corporação. Em 1989, também, foram enviadas mais duas mulheres, desta vez ao Estado do Pará para o Curso de Formação de Sargentos (CFS), passando, posteriormente, o processo de formação a ser executado no CFAP[56] - Centro de Formação e Aperfeiçoamento de Praças da PMSE, que tem como finalidade a formação, aperfeiçoamento, habilitação, e especialização dos quadros das Praças[57] dando início às turmas do Curso de Formação de Soldados (CFSd). A primeira turma de mulheres data de 1993, na qual foram formadas 41 alunas[58].

Em 1995 foi criada a Companhia de Polícia Feminina, que teve duração de três anos, sendo desativada em 1998 e seu efetivo distribuído nas demais unidades (Costa, 2005). Segundo alguns relatos de policiais femininas da época, a companhia foi desativada devido à insatisfação de muitas policiais por serem alocadas apenas em solenidades, nas quais serviam "cafezinhos" ou entregas de medalhas, o que era uma constante. A restrição do espaço, ou seja, a delimitação do espaço a ser ocupado por elas na corporação gerava tensões. Observe o relato a seguir.

> A Companhia feminina por não possuir finalidade específica, como muitas outras, a exemplo do Choque e da CPTran, e acabava sendo chamada para tudo que era solenidade. Eu mesma servi muito cafezinho e entreguei muita medalha,

---

[56] A fundação do CFAP consta na Lei Estadual N.º 2.234 de 10 de novembro de 1979, publicado no Diário Oficial do Estado de Sergipe N.º **18.537** de 11 de dezembro de 1979.

[57] Segundo Regimento interno da Unidade de Ensino.

[58] De acordo com BGO N.º 225 de 14 de dezembro de 1993 que publicou a Ata de Encerramento do Curso Formação de Soldados PM/BM – Masc/Fem. O curso iniciou com 381 alunos no total. Destes, 26 alunos foram desligados ao longo do curso. Nos desligados havia oito mulheres. Desse modo, o curso que começou com 49 mulheres formou 41.

por isso pedimos para sermos distribuídas nas demais companhias para sermos iguais aos outros e fazermos as mesmas coisas (Pfem, 19 anos de serviço).

A Companhia Feminina também realizava policiamento do aeroporto de Aracaju, as revistas no presídio feminino às quintas-feiras, sábados e domingos, bem como o serviço de guarda da própria companhia.

Na pesquisa de Santos (2011) aparece um fato interessante que justifica a desativação da Companhia Feminina. Segundo a autora, a partir de uma insatisfação entre as mulheres oficiais da época, pelo fato de haver um quadro específico, ou seja, "ser mulher". Na polícia militar há os quadros de especialistas com funções específicas, como por exemplo, o quadro da banda de música, por haver músicos; o quadro do Hospital da Polícia Militar por haver médicos e enfermeiros, devido as suas especificidades. Entretanto, foi criado o quadro da Companhia de Policiamento Feminino com a especificidade de ser mulher, quando o curso, o salário e todas as previsões na legislação eram iguais para ambos os sexos.

A propósito, esse "quadro especial" não foi exclusivo de Sergipe. Na pesquisa de Muniz (1999) também aparece a mesma questão na Polícia Militar do Rio de Janeiro (PMERJ) quando as policiais femininas pertenciam a um quadro específico, no qual só chegariam à patente intermediária de capitão. Lá como em Sergipe houve pressão pela unificação dos quadros de acesso para homens e mulheres em condições igualitárias.

Na Companhia Feminina da PMSE também existia essa especificidade das oficiais não chegarem às posições de comando mais altas da PM, mas, apenas, ao posto de capitãs. No entanto,

> [...] não demorou muito até que a cúpula da Polícia Militar percebesse o equívoco que estava prestes a cometer e corrigiu a tempo. O projeto foi revogado no nascedouro, por influência das recém-formadas oficiais que se reuniram e procuraram o comandante geral à época para reivindicarem tratamento igualitário. Utilizando-se dos argumentos que tinham em seu favor, as oficiais conseguiram convencer a cúpula da PMSE a desistir de criar o quadro separado e elas acabaram sendo incorporadas no quadro que já existia. Esse fato é um indício de que a PMSE não estava preparada para receber as mulheres e que nem mesmo o escalão superior sabia como proceder com o público interno feminino. Isso também deixa claro o quão difícil é o rompimento de estruturas sedimentadas (Santos, 2001, p. 26).

MULHERES POLICIAIS

Assim, em 1998, a Companhia Feminina foi desativada, tendo o efetivo policial distribuído nas diversas unidades existentes na instituição.

Atualmente, a PMSE conta com um quantitativo de 320 policiais femininas num universo de 5.455 policiais[59]. Isso significa que as mulheres representam, aproximadamente, 6% do efetivo geral. Nesses pouco mais de 20 anos, podemos perceber que a participação feminina na PM gera inquietações, novas formas de pensar o modo de trabalhar, bem como conflitos que se espalham em diversas vertentes. Embora, se observe nos demais estudos que, esta falta de preparo para organizar o espaço com a inserção das mulheres, não é uma peculiaridade apenas de Sergipe, mas chegam às demais polícias, é vital que se abra espaço para discussões, trazendo a vida cotidiana da instituições para nos fazer pensar sobre tal contexto.

Só para exemplificar, há um dado interessante que se refere à Companhia de Comandos e Serviços (CCSv) que é responsável pelo serviço administrativo do Quartel do Comando Geral (QCG). O efetivo geral desta companhia é de 395 policiais, dos quais 58 são mulheres, perfazendo 14% deste total. Um número significativo quando comparado ao quantitativo geral que é de 6%, caracterizando, portanto, a prevalência das mulheres no serviço administrativo/burocrático na atualidade, ou seja, a manutenção dos estereótipos femininos tais como fragilidade e delicadeza ainda as mantêm, em sua maioria, longe das ruas.

2.1.3 Estrutura organizacional da PMSE: mulheres, contextos e alocações

De acordo com a Lei de Organização Básica da Polícia Militar de Sergipe (Lei n.º 3.669, de 07 de novembro de 1995) em vigor, a PMSE está estruturada em órgãos de direção, órgãos de apoio e órgãos de execução, cuja composição[60] segue abaixo:

Os órgãos de direção:

- Comando-Geral;

---

[59] Dados obtidos junto à PM1 - Seção responsável pela organização e alocação do efetivo policial em janeiro de 2012. A variação do efetivo, como fui informada pelo responsável, é semanal, pois esta varia de acordo com o número de desligamentos, pedido de aposentadoria que, na PM, tem a nomenclatura de "Reserva".

[60] Composição esta que conta na Legislação policial que está em vigor (Aranha, 1997).

- Estado Maior (EM):

  - PM-1: assuntos relativos ao pessoal e legislação;

  - PM-2: assuntos relativos à inteligência policial, ou informação;

  - PM-3: assuntos relativos à ensino, instrução, pesquisa e operações;

  - PM-4: assuntos relativos à logística, estatística e administração;

  - PM-5: assuntos relativos à comunicação e relações públicas;

  - PM-6:planejamento e execução administrativo-financeira e orçamentária.

- Ajudância Geral;

- Consultoria;

- Comissões.

- Assessoria. Órgãos de Apoio:

- Órgão de apoio de Saúde;

- Órgão de apoio de Ensino;

- Órgão de apoio Logístico. Órgãos de Execução:

- Unidades de Polícia: Batalhões, Companhias, Esquadrões e Pelotões.

Para uma melhor compreensão da estrutura orgânica convém salientar que a Polícia Militar do Estado de Sergipe conta com: Comando Geral, Estado Maior, oito batalhões distribuídos em todo o estado, sendo três na Grande Aracaju[61] (primeiro, quinto e oitavo BPMs) e os demais no interior (segundo, terceiro, quarto, sexto e sétimo BPMs), Batalhão Especial de Segurança Patrimonial (BESP), Batalhão de Policiamento de Guardas

---

[61] Esses batalhões fazem a cobertura dos bairros da cidade de Aracaju e região metropolitana que compreende Nossa Senhora do Socorro, São Cristóvão e Barra dos Coqueiros.

(BPGd), Hospital da Polícia Militar (HPM), Centro de Formação e Aperfeiçoamento de Praças (CFAP), Esquadrão de Polícia Montada (EPMon), Companhia de Polícia Rodoviária (CPRv), Companhia de Polícia de Trânsito (CPTran), Grupamento Tático de Motocicletas (Getam), Batalhão de Polícia de Choque, Companhia de Polícia Fazendária, Companhia de Policiamento Turístico (CPTur), Companhia de Polícia Escolar, Grupamento Tático Aéreo (GTA), Companhia de Polícia de Radiopatrulha (CPRp), Pelotão de Polícia Ambiental e 10 Companhias de Polícia Comunitária (4 Companhias no 1º BPM, 3 no 5º BPM e outras 3 no 8º BPM) num total de 26 Postos de Atendimento ao Cidadão (PAC`s)[62].

O cotidiano dessas companhias e batalhões é vivenciado por meio da estruturação de um plano de ação voltado para as peculiaridades de cada unidade, cabendo ao comandante imediato a responsabilidade pela distribuição do efetivo na rua, bem como a organização interna. A seguir, veremos onde se encontra o efetivo feminino distribuído nas diversas unidades da corporação:

Tabela 1 – Alocação do efetivo feminino na PMSE por Unidade

LOTAÇÃO DO EFETIVO FEMININO	QUANTITATIVO
1º Batalhão de Polícia Militar (1º BPM) – São Cristóvão-SE	30
2º Batalhão de Polícia Militar (2º BPM) – Propriá-SE	16
3º Batalhão de Polícia Militar (3º BPM) – Itabaiana- SE	16
4º Batalhão de Polícia Militar (4º BPM) – Canindé de São Francisco-SE	9
5º Batalhão de Polícia Militar (5º BPM) – Nossa Senhora do Socorro- SE	7
6º Batalhão de Polícia Militar (6º BPM) – Estância-SE	8
7º Batalhão de Polícia Militar (7º BPM) – Lagarto-SE	7
8º Batalhão de Polícia Militar (8º BPM) – Aracaju-SE	16
Adida[63] a PM-1	01
Adida a PM-3	03

---

[62] Dados obtidos na página da PME pelo endereço eletrônico: www.pm.se.gov.br

[63] Situação de afastamento, conforme art. 75 da Lei n.º 2.066 de 23 de dezembro de 1976 (Estatuto dos Policiais Militares da PMSE).

Batalhão de Polícia de Choque (BPChoque)	06
Batalhão de Polícia de Guarda (BPGd)	31
Centro de Formação e Aperfeiçoamento de Praças (CFAP)	14
Centro Integrado de Operações em Segurança Pública (CIOSP)	10
Companhia de Comandos e Serviços (CCSv)[64]	59
Companhia de Operações Especiais (COE)	03
Companhia de Polícia de Rádio-patrulha (CPRp)	10
Companhia de Polícia de Trânsito (CPTran)	04
Companhia de Polícia Fazendária (CPFaz)	05
Companhia de Polícia Rodoviária Estadual (CPRv)	06
Corregedoria	04
Esquadrão de Polícia Montada (EPMon)	02
Hospital da Polícia Militar (HPM)	35
Pelotão de Polícia Ambiental (PPAmb)	04
Quartel do Comando Geral (QCG)	14
TOTAL	320

Fonte: dados obtidos na PM-1[65]

Nesse universo, destacaremos as unidades especializadas que atuam no policiamento ostensivo. Observa-se que o exercício dessa atividade na polícia militar é regulado por normas e procedimentos que operacionalizam as ações. Estes trazem orientações nas quais as ações sejam voltadas para o desempenho de funções que visem à segurança e respeito aos direitos individuais e garantias fundamentais do cidadão. Ações estas que englobam o patrulhamento, as abordagens, o policiamento em pontos fixos ou móveis na cidade. Dentre essas unidades especializadas, está o Batalhão de Polícia de Choque que compõe o foco de observação da pesquisa, por se tratar de um ambiente eminentemente masculino que hoje conta com um efetivo de 180 policiais, dentre os quais seis são mulheres. Pouco mais de 12% do efetivo feminino está empregado nas unidades operacionais. Vejamos o quadro a seguir.

---

[64] A maioria dos/das policiais alocados na CCSv trabalham no Quartel do Comando Geral – QCG.
[65] Em 2012.

MULHERES POLICIAIS

Tabela 2 – Alocação do efetivo feminino por Unidade Especializada

UNIDADES ESPECIALIZADAS	QUANTITATIVO
Batalhão de Policiamento de Choque - BPChq	06
Companhia de Operações Especiais - COE	03
Companhia de Polícia de Rádio-patrulha - CPRp	10
Companhia de Polícia de Trânsito - CPTran	04
Companhia de Polícia Rodoviária Estadual - CPRv	06
Companhia de Policiamento Turístico - CPTur[66]	04
Esquadrão de Polícia Montada - EPMont	02
Pelotão de Polícia Ambiental - PPAmb	04
TOTAL	39

Fonte: dados obtidos junto à PM-1

Dentre estas unidades, que somam 12,18% do total de mulheres policiais, optamos por nos debruçar sobre o Batalhão de Choque como universo de pesquisa. Opção esta devido ao fato de a pesquisadora ter mais acesso a esta unidade policial. Além disso, o Batalhão de Choque é uma das unidades vistas como a elite da polícia, no qual os valores ressaltados são mais tipicamente masculinos. Cabe então, elencar alguns pontos deste universo, por exemplo, a fundação, as definições desse tipo de policiamento e as competências a que se destina.

2.1.4 Batalhão de Policiamento de Choque: discreta inserção das mulheres policiais

Os Batalhões de Polícia de Choque no Brasil foram criados, em sua maioria, para atender a um tipo de policiamento para fins específicos, quando da existência de conflitos e revoluções no país. Possuem nomes diferenciados, obedecendo aos registros e peculiaridades históricas de cada unidade. Em São Paulo, por exemplo, o 1.º Batalhão de Polícia de Choque, atua desde 1891 nas inúmeras operações militares, tais como, Campanha do Paraná, Questão dos Protocolos, Guerra de Canudos, Levante do Forte de Copacabana, Revolução Constitucionalista de 1932, Campanha do Vale

---

[66] O quantitativo de mulheres que trabalham na CPTur está contido no 1.º BPM.

do Ribeira, entre outros. Desde 1975, passou a ser chamado de Rondas Ostensivas Tobias Aguiar - ROTA[67].

No Paraná, o policiamento de choque também teve início devido aos conflitos existentes nas fronteiras do estado, isso nos idos de 1950. Na década de 1960, por meio do programa Aliança para o Progresso[68], foi mandado aos Estados Unidos um oficial da polícia do Paraná para fazer cursos de especialização na área de operações especiais. Com a aquisição de conhecimento e técnicas específicas, foi inaugurada em 1964, a Companhia de Operações Especiais. Após várias mudanças, em 1988 o Batalhão de Choque do Paraná ganhou uma nova caracterização. As Rondas Ostensivas de Natureza Especial (RONE), os Comandos de Operações Especiais (COE) e o Canil Central. Esta caracterização é mais próxima da que temos em Sergipe. Em 2010, foi ampliado para Batalhão de Operações Especiais[69], contando com seis companhias especializadas em seu desdobramento operacional.

Contudo, apesar da diversidade de nomes e siglas, o policiamento de choque, nos diversos estados do país, tem em comum suas especificidades. Estas vão do Controle de Distúrbios Civis (CDC), motins e rebeliões em presídios, retomada de locais ou áreas ocupadas, praças desportivas ao policiamento motorizado, ou seja, situações de grave comprometimento da ordem pública segundo as diretrizes observadas.

Em Sergipe, o Pelotão de Polícia de Choque foi criado em 20 de dezembro de 1979 por meio da Lei n.º 2.234 de 10 de novembro do mesmo ano. Este foi idealizado no Comando Geral do Coronel EB Antônio Bendock, tendo como primeiro comandante o então 2.º Tenente PM Hélio Silva. Realizava o Controle de Distúrbios Civis e o policiamento em eventos especiais. Para uma rápida identificação do que se refere esse controle, vejamos a definição na qual:

> A Tropa de Choque é um Corpo de Polícia especializado em controlar grandes multidões em manifestações, que geralmente encontram-se eufóricas, havendo em algumas ocasiões a necessidade de utilização de métodos que vão além da simples verbalização, tais como: bombas de efeito moral, gás de pimenta, tiros de munição de borracha (anti-

---

[67] Disponíve em: http://www.polmil.sp.gov.br/unidades/1bpchq/historico.htm. Acesso em:14 abr. 2012.

[68] Programa de cooperação entre Brasil e EUA a fim de estruturar a segurança pública dos países latino-americanos como represália à Revolução Cubana.

[69] Disponível em: *pt.wikipedia.org/wiki/Batalhão_de_Operações_Especiais_(PMPR)*. Acesso em: 14 abr. 2012.

> motim) e a própria força, sendo em muitas delas para se defender e defender as pessoas que estão alheias a tais manifestações e querem apenas a garantia basilar de ir e vir ou de poder trabalhar, devendo tomar tal proporção apenas no intuito de não permitir que tal desordem se transforme em um verdadeiro caos (Ferreira, 2008, p. 21).

A estrutura inicial do Pelotão de Choque contava com o efetivo de 60 policiais militares, sendo: um oficial, dois sargentos, seis cabos e 51 soldados. A primeira sede foi em uma das salas do Quartel do Comando Geral da PMSE, onde funciona atualmente o Comando de Policiamento Militar da Capital. O transporte era efetuado com duas viaturas, sendo uma delas um caminhão de transporte de tropa, conhecido por "espinha de peixe". O serviço era desempenhado por três guarnições policiais militares (GP), cumprindo a escala de serviço de 24 horas por 48 de folga, sendo: um GP de serviço, um GP de reserva e um de folga.

Nos idos de 1984 a sede do Pelotão de Choque foi transferida para as dependências do Quartel do 1.º Batalhão de Polícia Militar na Rua Argentina no Bairro América, onde atualmente funciona o Centro de Formação e Aperfeiçoamento de Praças – CFAP, sendo comandado pelo 2.º tenente PM Carivaldo dos Santos. Em maio de 1990, o Pelotão de Choque foi transformado em Companhia de Polícia de Choque sendo sediado nas instalações do Parque de Exposições João Cleophas, permanecendo até 1996. Dali foi transferido para o Distrito Industrial de Nossa Senhora do Socorro no Conjunto Marcos Freire, onde atualmente é a sede do 5.º Batalhão de Polícia Comunitária, sob o comando do capitão PM Julisvaldo Silva Sento Sé, permanecendo até maio de 1999. Retornou, então, para as instalações do Centro de Formação e Aperfeiçoamento de Praças, no qual o fardamento usado era o preto, passando, posteriormente, ao rajado.

Em 2004, iniciou o processo de transformação para a estrutura de Batalhão de Choque, sendo que em outubro de 2007, no comando geral do coronel PM José Péricles Menezes, tendo como comandante do Batalhão de Choque o major PM Carlos Rolemberg, a sede foi transferida para o atual prédio na Rua Castro Alves, 491 no Bairro Ponto Novo. A Portaria n.º 0531 de 2 de dezembro de 2008, exarada por meio do Comando Geral da PMSE, o coronel PM Alberto Magno dos Santos Silvestre, criou o Batalhão de Polícia de Choque, sendo que o Decreto Estadual n.º 27.938 de 13 de julho de 2011 fez a homologação do mesmo com a seguinte estrutura: a 1.ª Companhia de Polícia de Choque responsável pelo Controle de Distúrbios de Civis, pelo policiamento em presídios, estádios de futebol, reintegração de posse; a 2.ª Companhia de Polícia responsável pelo Policiamento Tático Motorizado (Força Tática), atuando na capital e área metropolitana, no policiamento ostensivo com viaturas, bem como no combate à criminalidade na área bancária e periférica; e a 3.ª Companhia de Polícia de Choque responsável pelo policiamento de operações com cães (canil), atuando nas praças desportivas e repressão às drogas[70]; e a 4.ª Companhia de Operações Especiais que funciona, na prática, de modo independente do batalhão.

Atualmente, a 3.ª CPChq/Canil funciona nas proximidades do CFAP e possui em seu quadro de efetivo o quantitativo de 20 policiais. Já houve registro de mulheres trabalhando no canil, executando os mesmos serviços que os homens com relação ao cuidado com os cães e serviços diversos que ali são realizados. Das duas mulheres que tive conhecimento, uma encontra-se trabalhando como armeira[71] na sede do batalhão e a outra, já transferida para outra unidade, foi a primeira mulher em Sergipe a realizar o curso de faro no Rio de Janeiro em 2009.

O Batalhão de Choque tem no seu quadro de efetivo atual cerca de 180 policiais[72], dentre os quais seis mulheres. Nos últimos seis meses, para que se tenha uma ideia das demandas do policiamento operacional ali executado, o BPChq desenvolveu inúmeras atividades em todo o Estado de Sergipe. Dentre essas atividades, a atuação em praças desportivas, nas quais foram 29 participações no campeonato sergipano de futebol, oito reintegrações de posse ocorridas no interior do estado, 137 ordens de serviço expedidas para atender os eventos da capital e interior, tais como, Pré- Caju (festa local), shows, carnavais, entre outros.

A 2.ª CPChq, destinada ao policiamento motorizado, apreendeu aproximadamente[73] 45 quilos de maconha, 244 pedras de crack, quase um quilo em pedras grandes e 460 gramas de cocaína. Com relação às armas apreendidas foram 32 armas de fogo e 11 armas brancas no período. Foram recuperados, no mesmo período, 12 motos, seis carros e sete motonetas

---

[70] A 3.ª CPChq/Canil possui cães que são treinados e utilizados em apresentações em diversos locais como escolas, creches, hospitais, entre outros (Dados obtidos com o responsável do PCSv (setor pessoal) do batalhão).

[71] Serviço que requer habilidade no manuseio e na limpeza dos diversos armamentos existentes na unidade. Função esta, por enquanto, ainda pouco ocupada por mulheres na PM.

[72] Variando de acordo com as publicações diárias do Boletim Geral Ostensivo, no qual são publicadas as entradas e saídas do efetivo.

[73] Essas estatísticas são atualizadas diariamente.

roubadas, sendo também conduzidos às diversas delegacias de área, aproximadamente 100 indivíduos em situação de flagrante, bem como as conduções para averiguação. Esses números são resultado de 111 serviços executados numa sistemática de policiamento que é realizado diariamente em Aracaju e região metropolitana.

Com esses dados sobre as demandas de serviço é possível compreender quais os trabalhos executados no cotidiano da unidade, bem como os tipos de trabalhos executados pelas mulheres que atuam no serviço operacional, pois de acordo com as observações no local, mesmo que não seja diário, todos são escalados para o serviço operacional.

Inicialmente, para se configurar historicamente essa inserção no policiamento operacional, buscou-se saber, com ajuda dos relatos de policiais mais antigos, quem foi a primeira policial mulher a trabalhar no Batalhão de Choque em Sergipe.

A primeira mulher a trabalhar no policiamento de choque foi também uma das primeiras policiais a serem inseridas na PMSE, no curso oferecido para sargentos no Estado do Pará em 1989. No ano de 1999, na graduação de 3.º sargento, após a desativação da Companhia Feminina, foi transferida[74] para a então Companhia de Choque[75] sediada no Conjunto João Alves, no município de Nossa Senhora do Socorro. Ela relata que foi transferida sem o seu conhecimento, ficando dois meses na companhia na função de sargento de operações[76]. Nesse ínterim,

> *Executava todos os serviços externos, usando metralhadora além da pistola, com direito às normais escalas extras em estádios de futebol, eventos e o que surgisse. Minha escala era de 12x36 (o turno numa semana iniciava pela manhã, às 06h30 e na semana seguinte era à noite). Após 24h de repouso do serviço ordinário já estava [...] pronta para escala extra (que sempre surgia), obrigando-me a não programar nada além do trabalho, porque não dava pra estudar nem pensar em lazer com uma escala dessas, além de ser mãe, dona de casa e ter todas aquelas atribuições árduas e simultâneas que só nós mulheres conseguimos dar conta! A maior parte do tempo ficava na 'operação visibilidade' numa tenda montada na rótula do Conjunto João Alves (sem banheiro, sob o sol, com orientação de permanecer em pé); saía apenas*

---

[74] A transferência se deu no BGO n.º 058 de 6/4/1999.

[75] Essas mudanças de Pelotão para Companhia e depois para Batalhão também são vistas por meio dos brasões. Vide Anexo A.

[76] Função similar ao atual "supervisor" do batalhão que é executado por um tenente.

> *para atender as ocorrências, inclusive numa delas, à noite e acompanhada por um soldado realizamos a prisão em flagrante de um homicida. Tomamos as providências em relação ao socorro à vítima que acabou falecendo no local, acionamos o IML e só depois de tudo resolvido chegou uma viatura de apoio. Nos dias em que realizava prisões obviamente o serviço estendia-se por conta da tradicional delonga dos procedimentos/atendimentos nas delegacias (PFem, 23 anos de serviço).*

Mediante essa fala, já podemos identificar quais os tipos de trabalhos executados em uma unidade operacional. O que foi narrado sobre o serviço que se desenvolvia 12 anos antes da pesquisa, pouco difere do que se executa no tempo em que a pesquisa foi realizada. A escala de 12x36 foi alterada para 24x72[77]. As instalações atuais do BPChq mantém alojamento feminino em boas condições de uso, podendo abrigar até quatro mulheres que estejam escaladas no mesmo dia. A entrevistada ainda contou que na época não havia alojamento feminino, utilizando, portanto, o mesmo espaço que os policiais homens. Os relatos sobre o período dão conta de que os colchões eram colocados no corredor da Companhia para os policiais descansarem, não havendo separação entre homens e mulheres. Logo, os corpos daquele corpo policial dividiam as mesmas instalações.

2.1.5 O corpo dos corpos

> *Não vemos os corpos das mulheres como uma forma de vida social; antes, vemos a vida social escondendo o corpo. Revele-se o corpo e talvez revelemos o que não pode ser construído pela vida social ou pela cultura dominante!*
>
> *(Strathern, 1997, p. 45).*

As observações diárias dão conta de como os corpos se estruturam na rotina de trabalho no BPChq. Para a entrada e saída de serviço, os grupamentos policiais entram em forma[78], compondo os quadrados humanos. O dia a dia envolve uma série de atividades que começam geralmente com uma palestra matinal, na qual são relatados os fatos ocorridos no dia anterior, todas as ocorrências e operações realizadas. Em seguida são

---

[77] Trabalha 24 horas e folga 72 horas em escala corrida.

[78] Termo militar utilizado para "regular a formação dos elementos de uma tropa em linha ou em coluna" (Ministério do Exército, 1980).

MULHERES POLICIAIS

dadas as orientações do dia e após uma série de 20 a 30 flexões de braço[79] os pelotões são dispensados, seguindo para as sessões de atividades físicas ou instruções específicas do batalhão. Essa demonstração de força física por meio das flexões de braço, orientada pelo comandante da unidade, é diária, sendo dispensados apenas aqueles que se encontram com restrições médicas. Assim,

> [...] o adulto imita atos bem-sucedidos que ela viu ser efetuados por pessoa nas quais confia e que têm autoridade sobre ela. O ato se impõe de fora, do alto, mesmo um ato exclusivamente biológico, relativo ao corpo. O indivíduo assimila a série dos movimentos de que é composto o ato diante dele ou com ele pelos outros. É precisamente nessa noção de prestígio da pessoa que faz o ato ordenado, autorizado, provado em relação ao indivíduo imitador, que se verifica todo o elemento social (Mauss, 1974, p. 405).

O autor deixa claro que o ato é aprovado por imitadores que confiam naquele que exerce autoridade sobre eles. Isso confirma as observações que dão conta de uma prática diária que se fundamenta no exemplo daquele que comanda, justificando a unidade daquele corpo social.

Deixemos de lado o "espírito de corpo"[80] tão comumente evocado nas instituições militares, para, então, encontrar o corpo propriamente dito. Segundo Mauss (1974), o corpo é o instrumento mais natural do homem, melhor dizendo, seu objeto técnico. Os indivíduos observam as diferenças sensíveis, ou seja, fisiológicas e morfológicas, construindo assim seu pensamento.

Adentrando um pouco na intimidade dos corpos é possível perceber o quanto os avanços em conhecê-los por meio de ciências como a biologia, genética, entre outras, implicam em desfazer os mitos de dependência da mulher em relação ao homem, ou seja, o que culturalmente se tinha posto por normalidade e foi tão fortemente enraizado por meio de representação. A compreensão de como se passa o processo de reprodução possibilitou manipular a procriação mediante métodos contraceptivos e apontaram um caminho de ruptura com diversas representações distorcidas sobre o papel desempenhado pela mulher na sociedade. Interessante buscar no pensamento de Françoise Héritier quando esta aborda as questões em

---

[79] Expressão representativa de força, comum aos integrantes do batalhão.

[80] De acordo com o Manual de Ordem Unida também refere-se a boa apresentação coletiva e unidade na prática de exercícios que exigem execução coletiva (Ministério do Exército, 1980).

torno do fato de a mulher ser diferente por ser capaz de conceber um ser diferente dela mesma, ou seja, o homem. Mediante esse pensamento, podemos perceber que na verdade a dependência seria do homem em relação à mulher, haja vista ela estar destinada a procriação (Héritier, 1989).

Contudo, o que se observa ao longo da história é o empoderamento do homem a fim de esconder essa diferença. Fragilizando a mulher, tendo-a como parte mais fraca do processo, tornando-a dependente, foi possível formatar um homem de cujos atrativos corporais como força e vigor físico acabaram por submeter a mulher ao processo de dominação, havendo, portanto, um favorecimento do gênero masculino (Sztutman, R.; Nascimento, S., 2004).

A partir do que se compreende por idêntico e por diferente é que Héritier (1989) constrói a teoria da valência diferencial dos sexos para se chegar ao exercício de dominação que começa quando os homens precisam produzir por meio da força e violência modos que tornem as mulheres dependentes deles por não possuírem em si o controle da procriação. Desse modo, ao longo dos tempos, foram desenvolvidos mecanismos de dominação, fazendo com que as mulheres acreditassem na sua inferioridade. Por exemplo, o espaço público é para todos, no entanto, às mulheres foi destinado o espaço privado, o lar e aos homens o público. O fato de ter a incumbência de cuidar dos filhos e por esse motivo não ter a mesma mobilidade que o homem, às mulheres foram destinados os ambientes domésticos.

Esses mecanismos podem ser observados também pela falta de acesso ao conhecimento que fora negado às mulheres, dando-as o conhecimento relativo a essa esfera doméstica. Isso a impossibilitou, por muito tempo, de criticar, bem como poder se emancipar e mesmo exercer funções de autoridade. A falta de liberdade, os direitos à tomada de decisões sobre o próprio corpo sob a égide do patriarcado é facultado aos homens. Segundo a autora, quando não se tem liberdade, acesso e autoridade, se estabelece, então, a dominação masculina. A dominação assume diversas formas, encontrando na valência diferencial a maneira de subsistir. O discurso da complementaridade, segundo a autora, também é equivocado porque contribui para a desigualdade, pois se pensarmos que quem complementa é visto como o mais fraco e não como igual isto se torna, na verdade, um modo de explicação que mascara a continuidade do tratamento desigual dispensado.

Dissolver a hierarquia, de acordo com o pensamento de Héritier (2002) é mudar o olhar, mudar a perspectivas sobre coisas já consolidadas na sociedade. Por exemplo, as tarefas domésticas que sempre foram atribuídas à mulher, a participação mais efetiva em cargos e funções dentro das instituições, não apenas as alocações subalternas sob a desculpa de que a mulher não será uma profissional de qualidade, porque isso compete com a tarefa da maternidade, trabalhar nos mesmos espaços, dividindo tarefas que não sejam pautadas apenas por atributos parciais de força física, entre outros. Tudo isso implica em mudanças de atitudes para com o outro.

Mediante a dominação masculina, ou seja, dos atributos referentes à masculinidade, processos corporais significativos e diversos, foram se naturalizando em torno dessa temática. Processos estes que se utilizam de um poder que é exercido sobre os corpos sem a necessidade, no entanto, de força física. Desta maneira, a violência simbólica aparece camuflada na naturalização de fatos cotidianos (Bourdieu, 2003).

Em relação a esse poder exercido sobre os corpos, pode-se observar por meio de símbolos da polícia militar, os conjuntos de valores que por eles são disseminados e que privilegiam a imagem da força e do vigor, sendo repassados nas práticas do cotidiano. Observe-se a Canção da Polícia Militar do Estado de Sergipe[81]:

Unidos ombro a ombro

Fronte erguida com sorriso altaneiro Marchemos para o progresso Nosso escudo é o pendão brasileiro Altivo com braços fortes Combatendo sempre o mal

Somos bravos soldados de Sergipe Paz e justiça é o nosso ideal

Avante camaradas Da Polícia Militar

Ergamos nossas vozes Em uníssono sem par Orgulhosos e vigilantes Lutemos noite e dia

Trocando se preciso nossas vidas Por um Sergipe de paz e harmonia

---

[81] Letra de Antonio Telles e música de Edeltrudes Telles.

Vários são os versos em que aparecem expressões de altivez, combate, orgulho, luta. Estes são valores voltados para a supremacia de força exalada nas instituições militares. Outro símbolo que denota força é o brasão. Para Souza (2008), os brasões reforçam o ideário das forças militares. Em algumas companhias e batalhões, tais como o BPChq, o brasão revela o tipo próprio para o qual este se volta em sua organização:

> O antigo brasão da Companhia de Choque, que destacava uma pantera negra em posição de ataque tendo à frente, cruzados, um fuzil e um cassetete, marca das ações da Companhia, que recentemente a substituiu por um brasão com a imagem de uma máscara de proteção de gás e escudo, com fuzil e cassetete, com o propósito de evidenciar uma redefinição técnica nas ações (Souza, 2008, p. 136).

Segundo o autor, essas características, próprias das instituições militares, remetem a um tipo próprio de organização voltado para a guerra, as imagens representativas expressam o sentimento de coragem e força.

No Batalhão de Choque essas práticas corporais de força e vigor são bastante visíveis. Até a forma de marchar e se portar nas posições *sentido*[82] e *descansar*[83] quando em forma são diferenciadas. O punho é cerrado, a fim de exalar a "altivez dos braços fortes" dos integrantes do batalhão. Tal postura ganha ainda mais valorização durante os desfiles cívicos.

Uma prática bem característica do BPChq é quando o/a policial aparece com os punhos cerrados, denotando gestos bem mais enfáticos do que em outras unidades. Lá até a posição de *descansar* é executada com mais vivacidade, em tempos bem marcados para valorizar o movimento, ou seja, como enfatiza Mauss (1974), é uma técnica corporal específica, com caráter específico. Essa demonstração de força, na qual a apresentação do corpo é exigida sobremaneira, com tantas constituições simbólicas dentro do contexto policial que,

> A relação do indivíduo com seu corpo ocorre sob a égide do domínio de si. O homem contemporâneo é convidado a construir o corpo, conservar a forma, modelar sua apa-

---

[82] "Nesta posição o homem ficará imóvel, [...] o homem unirá os calcanhares com energia e vivacidade, de modo a se ouvir o contato, ao mesmo tempo, trará as mãos diretamente para os lados do corpo, batendo-as com energia ao colá-las às coxas" (Ministério do Exército, 1980, p. 1-2).

[83] "Nesta posição, as pernas ficarão naturalmente distendidas e o peso do corpo igualmente distribuído sobre os pés [...]. Esta é a posição do militar[...], onde permanecerá em silêncio e imóvel" (Ministério do Exército, 1980, p. 22).

MULHERES POLICIAIS

> rência, ocultar o envelhecimento ou a fragilidade, manter sua "saúde potencial". O corpo é hoje um motivo de apresentação de si (Le Breton, 2003, p. 30).

E ainda,

> O extremo contemporâneo erige o corpo como realidade de si, como simulacro do homem por meio do qual é avaliada a qualidade de sua presença e no qual ele mesmo ostenta a imagem que pretende dar aos outros [...] corpo um material a ser lavrado segundo as orientações de um momento (Le Breton, 2003, p. 30).

O autor coloca a importância que as construções em torno do corpo têm na contemporaneidade. As atitudes aparecendo por meio da apresentação do corpo, de como quer que este corpo apareça em determinados contextos, para atender a fins determinados. No contexto de observação da pesquisa, o BPChq, é possível observar atitudes que envolvem a apresentação do corpo na maioria dos componentes do batalhão. A força física é salientada mediante as práticas de musculação e atividades físicas diversas, como judô, caratê, corridas diárias, mantendo a fama de "malhados", fortes, portanto, temíveis.

Toda essa atitude do corpo, os gestos utilizados entre os policiais no cotidiano das operações, as formas de comunicação gestual, por meio de toques, é bastante comum na unidade. Tanto nas situações de festas, com sons altíssimos, como em situações nas quais necessita o máximo de silêncio, a comunicação gestual acaba sendo o recurso mais usado. Em uma progressão, um patrulhamento a pé[84], manter o contato corpóreo contribui para o bom desempenho das ações, permitindo que os componentes não se desgarrem ou fiquem para trás. Desse modo, o cotidiano do policiamento operacional vai se constituindo.

2.2 Qualificação e competência nos espaços contemporâneos

A Constituição Brasileira disciplina as ações referentes à segurança pública. Estas aparecem no artigo 144, elencando órgãos responsáveis

---

[84] O patrulhamento a pé tem o significado de afastamento do controle reativo do crime para a prevenção do mesmo, ou seja, um policiamento voltado para a comunidade, no qual envolve mudanças fundamentais no modo como esses policiais executam suas funções (Skolnick, 2002). No BPChq a patrulha a pé é utilizada no policiamento de eventos, festas, bem como na necessidade de progressão em áreas urbanas ou rurais, nos quais as viaturas não tenham condições de adentrar.

por sua manutenção. As demandas das instituições policiais, por exemplo, são inúmeras, desgastando-se, com o passar do tempo, pela falta de modernização tanto estrutural como também pela falta de qualificação do material humano que as compõe, ou seja, de profissionais competentes.

De acordo com Moretto (2008), entende-se por uma pessoa competente aquela que tem os recursos para realizar uma determinada tarefa. Para o autor, o conceito de competência está relacionado à qualidade da execução de uma tarefa proposta ou a resolução de uma situação complexa. Para isso é necessário o conhecimento do problema; habilidades específicas para resolvê-lo; o domínio das linguagens específicas a cada contexto, bem como a capacidade de administrar emocionalmente a situação-problema. Aqui podemos relacionar ao contexto policial, o quanto de qualificação se faz necessário para o bom desempenho das funções.

Quanto à qualificação profissional, sabe-se que o atual modelo de competências envolve tanto as cognitivas como as comportamentais. Posthuma (1998) salienta que as atividades das mulheres são, em geral, desvalorizadas e que as oportunidades de qualificação são bastante restritas em comparação aos homens. A eles é oferecida capacitação nos dois níveis, cognitivo e comportamental. Às mulheres, se destinam os cursos comportamentais, chocando-se, portanto, com o novo modelo produtivo de valorização das habilidades.

Ainda sobre qualificação, Dubar (1998) a coloca sob dois sentidos: o de habilidade profissional (as práticas, saberes e experiências) e a qualificação técnica (conhecimentos formalizados). Esta se dá como resultado de uma relação social dinâmica, implicando em negociação coletiva. Quanto à competência, Dubar faz referência a noção de qualificação social proposta por Alain Touraine para orientá-la. A empresa reconhece as competências do indivíduo e as transforma em desempenho. As competências segundo Paiva (2001), têm como base objetiva a transformação produtiva, rapidez na comunicação, internacionalização do capital e da competição. E para Lazzarato (2001), a noção de competência envolve o trabalho horizontal, interação e comunicação mediada pela linguagem. Dentro da perspectiva que Hirata (2003) coloca de que o trabalho cooperativo implica em polivalência e rotação de tarefas, o novo modelo produtivo visa a uma qualificação que não se desvincula da noção de competência, no qual pressupõe maior envolvimento, participação e cooperação.

Os dois termos, qualificação e competência, são apenas categorias utilizadas por certos autores, a depender das circunstâncias, tanto para legitimar coletivamente como para o reconhecimento individual (Dubar, 1998). Segundo Markert (2004), o mais difícil é trabalhar as relações ao invés da qualificação para as máquinas, pois a qualificação é a fusão de conceitos que formam as competências e estas são relacionais e não apenas técnicas. Desse modo, entre avanços e transformações no mundo do trabalho nas recentes décadas é que a crise do emprego colocada por Hirata (2002), bem como as novas formas de organização de tarefas e trabalho, mostra um indivíduo polivalente e multifuncional, a fim de contrapor-se ao problema do desemprego proposto por Pochmann (2001).

2.2.1 Patrulhamento nas ruas de Aracaju: conflitos do cotidiano

Os contornos da riqueza e da pobreza se desnudam aos olhos dos componentes das equipes de patrulhamento diariamente. Basta observar em uma das práticas do serviço operacional, que é a ronda ostensiva, a quantidade de bairros e seus diferentes públicos. A diversidade de grupos sociais que vão aparecendo na lente dos patrulheiros que estão à procura e a espera de cometimentos de crimes.

Os espaços ocupados dentro das viaturas por homens e mulheres policiais perfazem uma rotina na qual atenção e cuidado com o outro são elementos constantes. Observando os componentes de uma equipe em uma situação de abordagem, na qual os níveis de estresse são elevados, pode-se perceber a importância de se estabelecer confiança mútua na equipe. O posicionamento de cada um, a atenção aos comandos específicos, o perigo iminente de morte ao se realizar, por exemplo, uma abordagem a um veículo suspeito, com vidros levantados, sem que se saiba o que poderá acontecer, revelam circunstâncias extremas nas quais o entrosamento, o discernimento e repito, a confiança mútua tornam-se elementos cruciais na rotina de trabalho do patrulhamento tático desenvolvido pelo BPChq.

Atualmente, a doutrina do Batalhão de Choque destaca como princípio básico para homens e mulheres servirem no cotidiano da unidade, o voluntariado. Isso difere de outros tempos nos quais muitos foram forçados a trabalhar lá, muitas vezes sem o conhecimento prévio da mudança.

As equipes táticas, em geral, são compostas por quatro policiais, sendo comandada por um oficial, sargento ou cabo. O primeiro é o responsável pela coordenação da guarnição, ou seja, o comandante. O segundo é o motorista da equipe. O terceiro é responsável pelo equipamento e armamento da viatura, resguarda a lateral esquerda e retaguarda do veículo e quando em deslocamento faz a segurança do motorista. O quarto componente faz as anotações gerais, a localização, resguarda a lateral direita e retaguarda da viatura e é encarregado da busca pessoal nas abordagens.

Algumas características individuais devem ser elencadas para um bom desempenho do policiamento operacional, tais como a observação. Um bom observador compreende um ambiente na sua totalidade e tende a ser um bom policial. Outra é a atenção, pois ao mesmo tempo em que ele ou ela precisam estar totalmente focados no que estão fazendo, a visão periférica tem que estar acionada de modo que não perca o domínio do ambiente. Observação, atenção, poder de decisão. Em determinadas situações, situações de perigo real, por vezes a questão da hierarquia desaparece e prevalece quem tem mais equilíbrio. Outra boa característica para um bom policial é uma boa oratória, uma pessoa que se comunica bem, haja vista o policial ter como missão o contato direto com a sociedade, dentre suas atribuições.

As atribuições do patrulhamento tático motorizado são, entre outras, a recobertura de área[85], saturação, prevenção e também a repressão em áreas com altos índices de criminalidade. São desenvolvidas ações de abordagens a veículos, pessoas e locais; escolta e proteção de dignitários, presos, testemunhas, segundo regras definidas pela corporação para o policiamento.

Decerto que, as práticas de policiamento moderno segundo Brodeur (2002) apontam para a integração entre as forças policias, perfazendo, assim, o caminho de um trabalho em conjunto, mesmo com a complexidade inerente ao sistema. O autor considera que a polícia deve focar em problemas substantivos, melhorando seu desempenho e o relacionamento com a sociedade. Sobre esse relacionamento, recorremos ao pensamento de Bayley (2002), quando este adverte que "o relacionamento da polícia com a sociedade é recíproco - a sociedade molda o que a polícia é e a polícia influencia aquilo em que a sociedade pode se tornar".

No policiamento operacional, essas práticas ainda são bastante conflituosas, haja vista o fato de a polícia estar autorizada a utilizar a força física para regular as ações do cotidiano social. Com isso a sociedade mesmo precisando tende a hostilizá-la. O contexto social e a polícia, a

---

[85] Aracaju e os municípios da Grande Aracaju, Barra dos Coqueiros, São Cristóvão e Nossa Senhora do Socorro são divididos por áreas de atuação. Essas áreas possuem viaturas do policiamento ordinário que estão incumbidas de realizar o policiamento. Quando há demandas específicas nessas áreas, já cobertas, há a recobertura da área por meio do policiamento tático motorizado realizado pelo BPChq e RP.

MULHERES POLICIAIS

polícia e a polícia, são encontros que merecem observação. No que se refere às relações desenvolvidas no âmbito interno do policiamento operacional, passemos, então, às análises das entrevistas a fim de atender os propósitos desta pesquisa.

CAPÍTULO III

CONCEPÇÕES E EXPECTATIVAS SOBRE A PARTICIPAÇÃO DAS MULHERES NO POLICIAMENTO OPERACIONAL

Gostaria de perceber que no momento de falar uma voz sem nome me precedia há muito tempo: bastaria, então, que eu encadeasse, prosseguisse a frase, me alojasse, sem ser percebido, em seus interstícios. Como se ela me houvesse dado um sinal, mantendo-se, por um instante, suspensa. Não haveria, portanto, começo; e em vez de ser aquele de quem parte o discurso, eu seria, antes, ao acaso de seu desenrolar, uma estreita lacuna, o ponto de seu desaparecimento possível

(Foucault, 1999, p. 3).

Neste capítulo serão apresentadas análises dos discursos que emergem no contexto operacional da Polícia Militar de Sergipe. A participação das mulheres no policiamento ostensivo desafia o modelo estabelecido, predominantemente masculino. Esta seção busca examinar as práticas cotidianas para compreender como ocorre essa transição e, por meio dos discursos, identificar as estratégias utilizadas pelas mulheres para se manterem ativas nesse ambiente de trabalho desafiador.

Abordaremos as mudanças significativas na participação das mulheres no policiamento ostensivo, destacando como essa presença desafia e rompe com o modelo tradicionalmente masculino estabelecido para essa esfera de trabalho. Será explorada a evolução desse cenário e suas implicações nas dinâmicas operacionais da Polícia Militar de Sergipe.

Faremos uma análise detalhada das práticas cotidianas, examinando como as mulheres policiais se envolvem e contribuem ativamente para o policiamento operacional. Serão destacadas as peculiaridades, desafios e conquistas dessas profissionais, proporcionando uma compreensão aprofundada de suas experiências no campo de atuação.

Exploraremos, por meio dos discursos, as estratégias adotadas pelas mulheres para se manterem nessa esfera de trabalho, evidenciando suas táticas para enfrentar desafios e garantir uma participação ativa e efetiva. Essa seção oferecerá *insights* sobre como as mulheres constroem e consolidam suas posições no contexto operacional da Polícia Militar de Sergipe.

Ao concluir este capítulo, espera-se proporcionar uma análise abrangente e aprofundada das transformações na participação das mulheres no policiamento operacional, ressaltando as estratégias utilizadas para se manterem ativas nesse ambiente desafiador. A análise dos discursos contribuirá para uma compreensão mais completa das experiências das mulheres policiais e de como elas moldam o cenário operacional na Polícia Militar de Sergipe.

3.1 Os sujeitos da pesquisa

A pesquisa foi realizada com a participação de nove mulheres policiais na condição de sujeitos centrais da pesquisa e três policiais masculinos na condição de sujeitos secundários. Estes são superiores, subordinados e pares das mesmas. A breve análise dos perfis ajudará no processo de interpretação dos dados obtidos junto aos participantes, bem como às outras fontes de coleta.

3.1.1 Perfil das entrevistadas: sujeitos centrais

Os sujeitos centrais da pesquisa foram nove mulheres que atuam ou atuaram no policiamento operacional, sendo-lhes aplicadas entrevistas semiestruturadas. Chegou-se a esse número[86], de acordo com a intencionalidade e disposição para as entrevistas, depois de diversos contatos, com cerca de 15 policiais. Destaca-se a intenção em buscar fora do contexto operacional a policial que foi a primeira mulher a integrar o Batalhão de Choque de Sergipe, conforme aparece na Tabela 3.

Tabela 3 – Unidade de trabalho da mulher policial entrevistada

UNIDADE POLICIAL	%
Batalhão de Policiamento de Choque - BPChq	44,4

---

[86] Vide Apêndice C.

Companhia de Polícia de Rádio-Patrulha - CPRp	33,3
Pelotão de Polícia Ambiental - PPAmb	11,1
PM-2	11,1
TOTAL	100%

Fonte: questionário de identificação

Conforme se observa na Tabela 3 o maior quantitativo, ou seja, 44,4% das entrevistadas são do BPChq. Essa maioria se deve ao fato desse ser o local escolhido como universo da pesquisa, ou seja, O BPChq propicia a observação direta, mas outras unidades operacionais são consideradas nesta pesquisa. As policiais da RP, que perfazem o total de 33,3% foram incluídas por esta ser a unidade operacional que possui mais mulheres em seu quadro de efetivo se comparada às demais[87]. A PPAmb[88] e a PM-2[89] contribuíram com 11,1%, cada, para a composição dos entrevistados nas diversas patentes que serão demonstradas a seguir:

Tabela 4 – Patentes das policiais entrevistadas

PATENTE	%
Soldado	77,7
Cabo	11,1
Subtenente	11,1
TOTAL	**100%**

Fonte: questionário de identificação

Destaca-se que as funções de tenente-coronel, subtenente são funções nas quais as mulheres exercem comando. Cabe salientar que, na PMSE, ainda não há mulher no posto de coronel. No entanto, com a patente de tenente coronel pode-se comandar um batalhão[90].

---

[87] Observar Tabela 2.

[88] O pelotão de Polícia Ambiental opera, dentro de suas especificidades, com horários e rotinas de serviço similares ao BPChq e a RP.

[89] Nessa seção foi encontrada a mulher policial que primeiro trabalhou no BPChq de Sergipe.

[90] A tenente-coronel QOPM Araci Ferreira Fontes foi classificada como comandante do 4º BPM no BGO n.º 087 de 16 de maio de 2012.

A média de idade das entrevistadas é de 36 anos, oscilando entre 30 e 45 anos, conforme se observa na Tabela 5.

Tabela 5 – Perfil etário das entrevistadas

FAIXA ETÁRIA	%
30 a 35 anos	66,6
36 a 40 anos	11,1
41 a 45 anos	22,2
TOTAL	**100%**

Fonte: questionário de identificação

A maioria encontra-se na faixa dos 30 e 45 anos, com 55% do total, que é relativamente alta, revelando que as mulheres que estão no policiamento operacional, independentemente do tempo de serviço, são mais experientes.

Quanto ao tempo de serviço, observando a Tabela 6, vimos que a maioria das entrevistadas consta na faixa de 5 e 10 anos de PM. Destas, uma está na corporação há cinco anos e outras duas com seis anos, revelando o interesse das mulheres policiais mais recrutas pelo serviço operacional, haja vista na PMSE não ser obrigatório aos novatos o serviço operacional de imediato, como se observa em outras polícias[91].

Tabela 6 – Tempo de serviço na corporação

FAIXA DE TEMPO	%
De 5 anos a 10 anos	55,5
De 11 a 20 anos	33,3
De 21 a 23 anos	11,1
TOTAL	**100%**

Fonte: questionário de identificação

---

[91] Tem-se o exemplo da PMMG de acordo com a pesquisa de Capelle (2006).

As entrevistadas, em sua maioria, 77%, encontravam-se casadas na época da pesquisa, sendo 22% solteiras. Os filhos aparecem para, aproximadamente 67% delas. Esses dados revelam que fatores como casamento, cuidados com filhos, a esfera do lar, não têm interferido na vinculação ao serviço operacional. Este já fora colocado como empecilho para as mulheres exercê-lo, pelo fato da disponibilidade de horários ser maior e o serviço exigir mais tempo fora de casa por conta das escalas e evoluções de algumas ocorrências.

Tabela 7 – Número de filhos das policiais entrevistadas

Número de filhos	%
Um filho	33,3
Dois filhos	33,3
Não tem filhos	33,3
TOTAL	**100%**

Fonte: questionário de identificação

O nível de escolaridade das entrevistadas é outro fator que merece consideração. Sabe-se que para ingressar na PM, até então, é necessário somente o nível médio. No entanto, o que aparece na pesquisa é um perfil escolar elevado, haja vista que as policiais, além do nível superior, também estão se especializando, conforme indica a Tabela 8.

Tabela 8 – Nível de Escolaridade das entrevistadas

Escolaridade	%
Ensino Médio	44,4
Superior	44,4
Mestrado	11,1
TOTAL	**100%**

Fonte: questionário de identificação

Nas entrevistas aparece o cotidiano do serviço operacional de modo técnico, ou seja, o organograma do serviço. Desde as escalas, que são diversas, a depender da unidade e suas especificidades podendo ser 24x72 horas, ou 12x48 horas, expedientes administrativos diários em turnos de 6 horas. Ainda há as escalas extras, as audiências, bem como a possibilidade de extensão dos horários a depender do tipo de situação que se depare no serviço. Vale lembrar que, todos, sem exceção, concorrem às escalas extras (campo de futebol, reintegração de posse etc.).

3.1.2 Sujeitos secundários da pesquisa

Os sujeitos secundários dessa pesquisa foram: um superior que se encontra na patente de major e exerce posição de comando na unidade observada e dois outros policiais masculinos na patente de soldados. Estes ora subordinados, ora pares das mesmas. O tempo de serviço deles na PM varia de 13 a 19 anos de serviço. Os três possuem nível superior, inclusive um deles é especialista. Dois são casados e com dois filhos cada. Um desempenha função de comando, um está na área administrativa do BPChq e o terceiro é patrulheiro ou motorista de viatura, dependendo da função a que for escalado no dia de serviço.

3.2 A instituição Polícia Militar: falta de estrutura para receber e manter as mulheres policiais em seu quadro organizacional

> *Os homens esperam que nós peçamos coturnos rosas (rsrsrs), eles esperam que a gente queira ser diferente em tudo, só que, na maioria das vezes, quando você compra um sapato não chega numa loja só para homens ou só para mulheres, mas numa mesma loja que existem sapatos masculinos e femininos* (PFem, 10 anos de serviço)

Nos discursos que se seguem, as entrevistadas, com frequência, fazem alusão à questão da falta de estrutura, da falta de preparo da polícia militar para receber as mulheres policiais. Polícia na qual, mesmo depois de duas décadas, como é o caso de Sergipe, ainda existem unidades que não dispõem de estrutura voltada para mulher, como por exemplo, alojamento feminino.

> [...] *a questão da estruturação da polícia para as mulheres não existe. Por exemplo, as mulheres estão na Radiopatrulha há*

> *mais de 14 anos e tem um ano apenas que foi criado um aloja-*
> *mento feminino, nem banheiro tinha. Nós usávamos os mesmos*
> *banheiros que os homens e as mesmas instalações. Se tivesse uma*
> *mulher na guarda, ela ia ter que dormir junto com os homens*
> *porque não tinha alojamento, não havia essa capacidade gestora*
> *pra perceber que ela tinha que ter os seus aspectos respeitados.*
> *Quando eu trabalhei na guarda, dormia todo mundo de coturno*
> *porque os homens se sentiam pouco a vontade em que eu estivesse*
> *ali dentro e, eu me sentia pouco a vontade de estar ali também.*
> *Então são situações assim que durante o serviço é todo mundo*
> *igual, mas eu acredito que cada ser tenha suas especificidades*
> *respeitadas* (PFem, 10 anos de serviço)

Se voltarmos ao Capítulo II podemos comparar essa fala com o discurso da primeira mulher a trabalhar no BPChq, quando dela menciona as dificuldades que enfrentou devido à falta de estrutura para recebê-la. Isso mostra a lentidão com que as mudanças acontecem na corporação no que se refere à inserção das mulheres. Atualmente, o alojamento feminino no BPChq que foi construído em 2007, quando houve a mudança da sede do batalhão, conta com excelentes condições de acomodação, mas este exemplo não é regra dentro da instituição e sim uma das exceções. O comum é a mulher policial ser alocada no serviço administrativo das unidades por não haver como acomodá-las ao serviço de escalas, dificultando, sobremaneira, a participação das mulheres na atividade fim da polícia militar.

Desse modo, a falta de estrutura adaptada às mulheres, como acontece em alguns locais na polícia militar, perfaz um dos motivos que as fizeram se unir e fundar uma associação voltada para as questões do trabalho das mulheres no contexto da segurança pública do estado.

> *Ano passado, então, nós conseguimos criar uma associação*
> *integrada de mulheres trabalhadoras na segurança pública*
> *para que nós pudéssemos ter direitos básicos que são dados a*
> *outras funcionárias públicas, tais como licença maternidade*
> *de seis meses, pois a policial militar só tinha direito aos quatro*
> *meses. Isso é um absurdo! Alem de outras pequenas coisas como*
> *a falta de alojamento, a falta de estrutura, bem como a questão*
> *dos assédios morais a que as mulheres são submetidas. Porque*
> *você trabalhar num lugar e ouvir que tem que servir cafezinho,*
> *tem que entregar medalhinha, tem que entregar presentinho*
> *porque é mulher e é bonitinha, é o fim! Nós vimos também que os*
> *problemas que enfrentamos não são apenas da PM, mas do meio*

da segurança pública, pois ela foi concebida para os homens. A mulher foi pensada para ser protegida, frágil e indefesa entendeu? Então, tem situações como a do IML em que, quando as profissionais que trabalham lá queriam descansar elas tinham que deitar na bancada do defunto. Não é uma situação muito diferente da nossa dentro da Polícia Militar na qual você tem que deitar no alojamento masculino ou num sofá ou no chão como eu já presenciei várias colegas puxando um colchão no chão pra dormir e tendo que ir ao banheiro na casa de um parente próximo. Em vários locais aqui na policia a situação chegou a esse ponto (PFem, 10 anos de serviço).

Como se observa na fala acima são inúmeras as demandas que fizeram com que as mulheres se organizassem em um grupo a fim de pressionar e reivindicar melhores condições de trabalho, haja vista que essa falta de estrutura e acomodação para as mulheres provoca mal-estar e consequente perda no dinamismo do serviço operacional pelos desconfortos gerados no convívio laboral.

A policial destaca a criação de uma associação de mulheres na segurança pública com o objetivo de reivindicar direitos básicos, como a extensão da licença maternidade para seis meses, que eram limitados a quatro meses para policiais militares. Ela critica a falta de estrutura, mencionando a ausência de alojamento adequado para mulheres e aponta situações de assédio moral, como a atribuição de tarefas estereotipadas, como servir cafezinho e entregar medalhas, com base no gênero. Ela compara ainda, a falta de estrutura em situações extremas, como profissionais que trabalham no Instituto Médico Legal (IML) deitando nas bancadas dos defuntos para descansar. Esses relatos evidenciam desafios enfrentados por mulheres na segurança pública em relação às condições de trabalho e questões de gênero.

3.2.1 Condições de trabalho e formação continuada

As boas condições de trabalho equilibram as tensões existentes nas relações de poder. Todos se igualam quando a questão é o trabalho adequado, com recursos específicos que proporcionam o desenvolvimento das competências e habilidades nos cotidiano operacional.

Eu não acredito nessa questão de que fulano é mais capaz que beltrana, eu acredito que eles são capazes de desenvolver o mesmo serviço, de desempenhar o mesmo trabalho. Talvez um demore

> *menos que o outro, o outro demore mais um pouquinho [...] mas aí são as questões das dificuldades que podem ser observadas até entre profissionais do mesmo sexo [....] e não porque é uma mulher ou um homem. Eles podem desempenhar atividades diferentes porque têm uma compleição física diferente. É sabido que a mulher tem a compleição física diferente da do homem, mas será que não se pode adequar o trabalho? Adequar as ações até nas questões de equipamentos mesmo, porque nós usamos colete masculino e isso machuca os seios, aperta, comprime, machuca, dói.. Passar 12 horas com um colete masculino... Hoje a guarda municipal inovou, comprou 35 coletes femininos com porta seio e tudo, então, a mulher será menos eficiente só porque ta com um colete feminino? Então acho que a força pode ser diferente, mas o trabalho desempenhado pode ser igual* (PFem, 10 anos de serviço).

A fala acima aponta para as questões contraditórias que as mulheres enfrentam na PM. Ao mesmo tempo em que querem desenvolver um trabalho igualitário não podem também negar suas especificidades, conforme defendido por Soares (2005). Tais especificidades acabam por contrariar o modelo masculino existente, consolidando as tensões e desigualdades existentes. As mulheres policiais, em sua maioria, adaptam-se à rigidez da disciplina vigente ao invés de resistir ao modelo imposto.

Essas tensões aparecem com maior força no serviço operacional, pois se em toda a PM as relações de poder podem ser sentidas mediante os pilares da hierarquia e da disciplina, no espaço do serviço operacional elas se acentuam, haja vista nesse espaço não haver nada que tenha sido pensado para a inserção das mulheres. Daí o ambiente propício para os conflitos de gênero e, portanto, relações de poder. As estratégias utilizadas por quem detém o poder dão conta de dificultar a adaptação das mulheres ao meio. Estas, por sua vez, além de minoria, precisam surpreender e se mover astuciosamente para permanecer no contexto operacional.

A policial entrevistada destaca a crença na igualdade de capacidade entre homens e mulheres para desempenhar o mesmo trabalho. A policial argumenta que as dificuldades podem surgir entre profissionais do mesmo sexo, mas não devem ser atribuídas ao gênero. Ela enfatiza que homens e mulheres podem desempenhar atividades semelhantes, e as diferenças físicas não devem ser um obstáculo, sugerindo a necessidade de adaptação do trabalho para levar em consideração essas diferenças.

Além disso, a policial menciona uma questão prática, como o desconforto causado pelo uso de coletes masculinos pelas mulheres, destacando a importância de considerar essas diferenças na adaptação de equipamentos e uniformes. Isso sugere uma reflexão sobre a necessidade de adequações para garantir condições de trabalho justas e confortáveis para ambos os gêneros.

3.2.2 Ocupação de espaços antes dominados por homens: situações conflitantes

Há um jargão na PM que é sutilmente usado em tom de brincadeira: "o salário da polícia mais mal pago é o das mulheres". É a maneira de colocar as mulheres em desvantagens em relação ao trabalho dos homens, haja vista o salário (soldo) ser igual. É a forma de dizer que elas trabalham menos, que são um subproduto do trabalho policial e eles, homens, têm que sofrer o dano de ganhar a mesma coisa que elas. Essa conotação de não estar em pé de igualdade sobressai nas falas a seguir:

> *Em relação ao trabalho, a polícia ainda não está preparada para a inserção da mulher. Fomos colocadas como cotas e não se estava preparado para essa mudança, nem quem chegou (mulheres), nem quem estava (homens). As dificuldades de relacionamentos surgem, as diferenças de tratamento, ainda mais quando as mulheres se colocam como parte mais frágil aí é que isso se estabelece. Quando a gente se porta como frágil, eles nos tratam como frágeis e a exclusão é natural. Eles passam a lhe ignorar, isolam e passa a ser um faz de conta [...] você finge que trabalha e eles fingem que você está trabalhando. Você precisa se impor pelo trabalho, pois quando o treinamento é dado, ele é dado de maneira uniforme, não tem um que rasteja e outro que não rasteja, mas cabe à postura de quem o recebe e a aplicação disso depende de cada um (PFem, 6 anos de serviço).*

As demandas históricas que envolvem as mulheres em sua trajetória pelo mundo do trabalho aparecem nessa fala quando ela aponta para a importância de se impor pelo trabalho a fim de se fazer presente no campo de luta. Outra observação refere-se ao modo como os homens percebem as mulheres e as veem como frágeis, ou seja, o modelo masculino no qual o policiamento é embasado, o modelo de força, rigidez e posturas coerentes com a sistemática do trabalho policial. Segundo Scott (1999), os discursos que constituem a diferença sexual aparecem como produtores de conhecimento. Tais discursos, uma vez legitimados, produzem, por exemplo, o discurso de que as mulheres são fisicamente inferiores aos homens.

O trecho da entrevista destaca a falta de preparação da polícia para a inserção das mulheres, descrevendo a experiência das policiais como uma imposição de cotas sem a devida preparação para lidar com as mudanças. A policial menciona que as dificuldades de relacionamento e tratamento desigual surgem, especialmente quando as mulheres se colocam como mais frágeis. A falta de imposição pelo trabalho pode levar à exclusão, onde as mulheres podem ser ignoradas e isoladas, resultando em um ambiente de "faz de conta".

A policial enfatiza a importância de se impor pelo trabalho e destaca que, embora o treinamento seja uniforme, a aplicação dele depende da postura de cada indivíduo. Essa perspectiva aponta para a necessidade de uma mudança cultural e estrutural dentro da instituição para promover a igualdade de gênero e garantir um ambiente de trabalho mais justo e inclusivo para as mulheres na polícia.

3.3 A imagem pública da PM depois da inserção das mulheres

Os estereótipos de delicadeza, doçura, o lado maternal, contribuíram para a fixação da mulher na PM. As concepções da mulher do lar, cuidadosa, educada, cordial foram trazidas para os quartéis da PM a fim de aplacar a imagem negativa de truculência que foi consolidada no período da ditadura em todas as polícias brasileiras. Elas serviam bem para esse papel na época da inserção, transformando essa imagem inicial em estigma com o passar do tempo.

3.3.1 Estigmas consolidados: entre a acomodação e resistência

A imagem da mulher frágil foi se consolidando ao longo da história, sendo vista como atributo do comportamento dito feminino. Esses estereótipos, em princípio vistos sob uma compreensão bastante generalizada, tornaram-se estigma que, de acordo com Goffman (1988) ressalta uma ideologia de inferioridade vista sob uma visão negativa e arraigada de certos comportamentos. A manutenção do estigma feminino na instituição polícia militar pode ser observada na fala a seguir.

> Acredito que quando a mulher foi inserida na polícia militar em Sergipe, ela era vista como a mocinha bonitinha, quem levava medalha naquela bandejinha bonitinha de saia e tal e [...] servia cafezinho né? Além, é claro, de estar sempre sorrindo

no aeroporto, na rodoviária, sorrindo pra população, ou seja, passando uma boa imagem da polícia militar depois da ditadura entende? Mostrar uma coisa que nunca existiu (PFem, 10 anos de serviço).

A mulher sempre foi, até hoje, e eu posso dizer com conhecimento de causa, considerada um cidadão de segunda classe dentro da Polícia Militar. Se a mulher pode entregar medalha o homem também pode. Mas o que nós observamos nessas formaturas, nesses serviços, não corresponde à realidade, pois são sempre mulheres de saia, de maquiagem com a bandeja... Isso perpetua o símbolo da mulher como um troféu. Pra entregar uma medalhinha é necessária uma mulher, uma policial militar. Houve uma escala de serviço em que foi um encontro de juízes ou de governadores alguma coisa assim, nós ficamos mais 3 horas em pé, atrás das cadeiras dos juízes, cada uma segurando a respectiva bandeira de estado. Eles não tinham um pedestal pra colocar elas não? Para colocar a bandeira. Isso para mim é subjugar a mulher dentro de um contexto onde ela é profissional, uma profissional de segurança pública devidamente instituída pelo Estado, representante do Estado. Isso é fazer da mulher um fantoche que está ali pra enfeitar, um bibelô que é pra ficar em pé atrás da mesa (PFem, 10 anos de serviço).

Numa roda de conversa, pessoas diziam onde iriam trabalhar na polícia. Os que são formados em comunicação vão para a PM-5, os da área do direito para a corregedoria, e só alguns diziam que queriam as unidades operacionais. Durante as conversas, disseram que a RP, Choque e Coe é a tropa burra da polícia. Isso vem da ideia que a sociedade tem, a visão de que quem trabalha no PAC é preguiçoso, quem trabalha no transito é ladrão e quem trabalha no choque é burro, ignorante, troglodita (PM, 14 anos de serviço).

Existe sempre a expectativa de não terminar o curso, apenas por ser mulher. Por não aguentar, pela fragilidade que é infligida à mulher. Nesse curso, em 2008, que tinha aproximadamente 45 alunos, dentre os quais 5 mulheres, todas as mulheres terminaram e alguns homens não. Por aí existem cursos que são reconhecidos como ruins e fracos pelo fato das mulheres inscritas conseguirem terminar. Isso é tido como um curso não tão forte, não tão bom, por conta disso. No nosso caso, que foi muito comentado na época, todas as mulheres terminaram enquanto que 13 policiais homens não. Algumas coisas me incomodavam, como esses comentários de que curso em que mulher consegue terminar é um curso fraco.

MULHERES POLICIAIS

> *Era um tipo de desvalorização ao curso dado por colegas que nem lá estavam. Mas, eu mesma me sentia plenamente capaz para estar ali e desempenhar as mesmas coisas que todos eles. Nunca me senti inferior a nenhum policial masculino* (PFem, 6 anos de serviço).

Em todas essas falas podemos perceber as marcas de diferenciação dentro do grupo de policiais. Aparecem as referências negativas ao trabalho que às mulheres foi imposto. Os sinais depreciativos da desvalorização de cursos pelo fato de haver mulheres concluintes revela a estratégia utilizada para os homens manterem seu modelo no poder. Eles ao diminuírem o valor do curso pela presença feminina fortalecem-se como modelos, haja vista as mulheres serem apontadas como fracas, ou seja, estigmatizadas. Tal estigma, ou seja, construções sociais que são feitas em torno do que é percebido com pior, é propagado e consolidado, dificultando possíveis mudanças.

As falas apontam para a persistência de estereótipos de gênero e preconceitos dentro da Polícia Militar em Sergipe, evidenciando um ambiente onde as mulheres ainda são percebidas por meio de lentes tradicionalmente femininas e muitas vezes são relegadas a papéis estereotipados.

A primeira policial menciona a imagem estereotipada da mulher na instituição, sendo associada a tarefas tradicionalmente femininas, como servir café e sorrir para a população. Ela critica a forma como as mulheres são frequentemente designadas para entregar medalhas, perpetuando a ideia de que são troféus e decorativas.

A segunda policial destaca a visão de que as unidades operacionais, como RP (Rádio Patrulha), Choque e Coe, são consideradas a "tropa burra" da polícia, sugerindo um estigma associado a essas unidades. Além disso, ela menciona a expectativa de que as mulheres não terminem cursos difíceis, enfrentando desafios devido à percepção de fragilidade.

Ambas as falas revelam uma necessidade de superar estereótipos de gênero, preconceitos e discriminação dentro da instituição, promovendo uma cultura organizacional mais inclusiva e respeitosa em relação às mulheres policiais.

Mesmo utilizando as habilidades tácitas da mulher com relação a uma melhor interação no ambiente, observa-se na fala a seguir a acomodação ao modelo implantado de masculinidade quando esta diz:

> *Você precisa tentar aproximar-se mais, vamos dizer o mais próximo da questão da "força masculina", eu acredito. E o que*

diferencia a mulher é que ela vai tentar utilizar a sagacidade feminina, o modo de ver as coisas e tentar interagir o emocional com o profissional que muitas vezes o masculino não consegue (PFem, 14 anos de serviço).

A acomodação aos estereótipos vai de um polo ao outro. Por vezes na pele da mulher frágil, que só serve para o exercício das funções burocráticas, outras se masculinizando, optando por se parecer com eles para ser bem aceita. Observe a fala abaixo:

O que eu vejo é que você enquanto mulher se iguala aceitando a forma que eles trabalham a forma que eles se dirigem uns aos outros e aí você acaba se masculinizando porque vai usar o linguajar deles, vai usar as brincadeiras deles ou você sempre vai ser a Pfem que vai ficar distante. Então é complicado! São guerreiras são! Mas na grande maioria das vezes elas acabam mudando o seu comportamento pra se adequar aos homens. Então voltando àquele assunto, a polícia não se adequou às mulheres. Na maioria dos casos as mulheres se adequaram à polícia (PFem, 6 anos de serviço).

Interessante perceber nessas falas que há um misto de descontentamento e acomodação por parte de algumas mulheres que trabalham no serviço operacional. Isso nos remete à multiplicidade de poderes que estão em jogo, na qual se podem assumir, posicionamentos variados dentro de um mesmo contexto, como afirma Foucault (1995). O que está em jogo aqui é a maneira como as resistências operam, sob a forma de descontentamento ao padrão tradicional. Padrão no qual as mulheres foram submetidas. Do outro lado as que resistem a esse padrão, mas que ao ingressarem no serviço de rua passam a incorporar elementos de masculinidade a fim de se parecer com o estereótipo que domina, ou seja, atributos masculinos como rispidez, precisão, alterando, muitas vezes, seu comportamento.

De contínuo é possível perceber que os estereótipos de fragilidade e delicadeza permanecem vivos na instituição, ao passo que se avança na questão da participação da mulher na atividade fim, exercendo funções no patrulhamento motorizado, bem como em diversas situações que exigem muito mais que apenas a força física tão propalada como modelo, aponta para novos conflitos em meio aos já existentes. Isso aparece com mais clareza nas relações que se estabelecem no cotidiano do policiamento operacional.

A policial refere-se a um desafio significativo enfrentado pelas mulheres no ambiente policial, que é a pressão para se conformarem aos padrões estabelecidos pelo comportamento tradicionalmente masculino dentro da instituição. A observação sugere que, em muitos casos, as mulheres sentem a necessidade de se adaptar ao ambiente predominantemente masculino, adotando linguagem, brincadeiras e comportamentos associados aos colegas homens.

Essa adaptação pode ser uma estratégia de sobrevivência em um ambiente onde a cultura institucional muitas vezes não está adequada para a presença feminina. No entanto, ao mesmo tempo, isso destaca uma lacuna na adaptação da polícia para acolher e integrar plenamente as mulheres em suas fileiras. Em vez de criar um ambiente inclusivo, a responsabilidade muitas vezes recai sobre as mulheres para se conformarem às normas existentes.

Essa dinâmica ressalta a importância de promover uma cultura organizacional que celebre a diversidade de gênero e crie um ambiente onde homens e mulheres possam contribuir igualmente, sem a necessidade de se conformarem a estereótipos de gênero preexistentes. Isso pode envolver iniciativas de conscientização, treinamento e mudanças culturais dentro das instituições policiais.

3.4 Relações de gênero e policiamento operacional

As reflexões obtidas a partir das concepções de gênero apontam para alguns eixos no que se refere à instituição policial com ênfase no policiamento operacional. As relações implicam diretamente em hierarquias que se constituem em poderes nas práticas sociais (Souza-Lobo, 1991). Aceitação, rejeição, discriminação, negação, acomodação aos padrões existentes são algumas questões elencadas nos discursos que se seguem:

> *O maior problema que temos hoje, nós mulheres, é a questão da aceitação perante os outros colegas. Há os que dizem em alto e bom som "eu não trabalho com mulheres" e nós não somos apenas mulheres, somos profissionais de Segurança Pública. Eu não entendo essa incapacidade da maioria dos colegas de compreender as funções desenvolvidas, pois somos pouco mais de trezentas e não temos só trezentos policiais na atividade meio, então [...] por que não se critica os homens que estão na atividade meio? Só as mulheres? Acho que é uma questão muito grande de preconceito, é um patriarcalismo extremamente arraigado que nós presenciamos na instituição* (PFem, 10 anos de serviço).

[...] é o mundo dos machos, é o mundo dos homens, o mundo no qual os modelos são totalmente masculinos [...] o modelo de sociedade já é masculina e aqui é muito mais. Se a gente sente a questão do machismo, do sexismo em outros setores da sociedade, aqui é três vezes mais. (PFem, 6 anos de serviço).

As relações de poder que se ocultam nas relações cotidianas entre homens e mulheres apontam para o preconceito e discriminação com relação às mulheres policiais. Com práticas de poder exercidos sobre os corpos, sem necessariamente tocá-los como já fora evidenciado por Foucault (1987) é possível perceber que tais práticas se dão tanto pela questão numérica, haja vista os homens serem maioria como pela vigilância excessiva da conduta, pois as mulheres são observadas em tudo que fazem ou não, dentro dos quartéis, sendo sempre motivos de questionamentos e consequentemente subordinadas ao controle excessivo, inclusive nas vestimentas[92].

Observa-se no trecho acima, a persistência de preconceitos e resistências dentro da instituição policial em relação à presença das mulheres. A policial militar enfatiza a dificuldade de aceitação por parte de alguns colegas, que expressam abertamente que não desejam trabalhar com mulheres. Essa recusa reflete um preconceito arraigado e, por vezes, uma resistência em reconhecer as mulheres como profissionais de Segurança Pública, colocando em questão sua capacidade e competência no ambiente de trabalho.

A policial também menciona a presença marcante do patriarcalismo na instituição, ressaltando que o modelo de sociedade é predominantemente masculino. Essa realidade torna ainda mais desafiador para as mulheres enfrentarem estereótipos de gênero e preconceitos dentro do ambiente policial, onde padrões tradicionalmente masculinos podem prevalecer.

Essas observações indicam a necessidade de mudanças culturais profundas para promover a igualdade de gênero e garantir que as mulheres sejam plenamente reconhecidas e aceitas em todas as áreas da polícia, sem enfrentar discriminação baseada em gênero.

Elenca-se ainda, o contexto estratégico de dominação, o qual se revela em diversas e complexas dimensões. O ser mulher, o ser mulher policial militar e o ser mulher policial militar no serviço operacional são

---

[92] Vide Anexo C.

MULHERES POLICIAIS

diversos fatores que se articulam entre si e contribuem para a consolidação da discriminação nas relações que se formam no cotidiano do serviço operacional.

> *Na verdade a sociedade é machista, a polícia é machista e há toda uma predominância de um trabalho voltado para a força masculina. Mas, é como eu já falei, tem que haver uma batalha diuturna da mulher pra que ela possa realmente ser vista a priori, ser respeitada como policial, como profissional, como alguém também capaz de desenvolver as mesmas atividades, ou ainda melhor* (PFem, 14 anos de serviço).

> *Em uma roda de policiais, ao sair uma escala, um policial chegar na frente da policial feminina e dizer "eu não trabalho com mulher". Ele se referia a ela não estar pronta para rua e reagir do tipo: "não, não piso na lama porque eu estou com nojinho". Mas na mesma lama que ele pisa a mulher também pisa, sem problema algum. Eu tenho uma colega que passou uma situação, em uma troca de tiros, em um determinado bairro da capital e um dos policiais mais machistas que eu já conheci na minha vida, teve a vida salva por uma mulher. Estava todo mundo em cima do muro e ele pulou e não sabia que era charco, lama. Quando ele afundou o infrator abriu a porta de lá e começou a atirar. Nesses disparos todo mundo que estava em cima do muro desceu e a única pessoa que ficou em cima do muro e revidou e salvou a vida desse policial foi uma mulher... mesmo assim ele não mudou essa concepção* (PFem, 10 anos de serviço).

As dificuldades enfrentadas em aceitar e se adaptar à mudança dos modelos de gênero profundamente enraizados na sociedade, especialmente em relação ao papel da mulher, são numerosas. Como consequência, essas dificuldades acabam se manifestando como resistências ao sistema. Michel Foucault (2003) identifica essas resistências como resultado das diversas estruturas de poder e sua função na recusa à submissão estabelecida.

A citação evidencia uma mistura de indignação em relação às estratégias impostas às mulheres na polícia, ao mesmo tempo em que mostra uma acomodação ao jogo estabelecido ao adotar o discurso policial e ao se posicionar dentro das relações de poder, especialmente quando alcançam postos de comando. Isso sugere uma tentativa de se ajustar às estruturas de poder existentes, apesar da persistente luta contra as injustiças e desigualdades enfrentadas.

> *A Polícia quer as suas policiais femininas atrás de uma mesa cheia de papéis. Para mim a polícia não está preparada ainda*

para a mulher enquanto combatente. A polícia como um todo, não está preparada [...] os homens que trabalham na polícia não estão preparados para lidar com uma mulher combatente entende? Eu já ouvi de algumas oficiais mulheres o quanto é difícil administrar esses homens que estão sob o comando delas porque, vira e mexe, eles meio que se rebelam por ser uma mulher no comando (PFem, 6 anos de serviço).

Essas recusas e conflitos gerados no cotidiano podem ser percebidos na maneira de adequação ao padrão masculino existente a fim de se tornar a "mulher combatente". Voltamos ao pensamento de Foucault (1988) quando este coloca as formas da lógica da censura como difíceis de conciliar. Observa-se na fala acima a negação da possibilidade da instituição policial estar preparada para a participação efetiva das mulheres, a menos que seja para os padrões aceitos como feminino de trabalho burocrático ou de cuidados. Isso cala o real e acomoda a não existência de um trabalho policial efetivo que possa ser desenvolvido por mulheres ao fato da ordem já anunciar sua inexistência.

Outro fato que aparece na fala é a questão das mulheres na posição de comando. As primeiras mulheres a ingressar na PMSE já contam com 23 anos de serviço. De lá para cá, turmas de praças foram formadas e muitas dessas mulheres já se encontram em posição de comando, podendo comandar guarnições policiais. As mulheres se sobressaem nas posições de comando por características ditas femininas como flexibilidade, cautela, inovação, organização e sensibilidade mais aguçada, mas que ainda não são suficientes para se comparar ao "ethos guerreiro" desenvolvido pelos homens (Santos, 2011). Apesar de não ser o foco da pesquisa, constitui-se em um assunto de bastante interesse refletir sobre a participação e as mudanças que ocorrem no cotidiano do trabalho com a assunção de mulheres aos diversos níveis de comando na PM.

A policial militar evidencia a percepção de que a polícia ainda não está totalmente preparada para aceitar e integrar as mulheres como combatentes. A visão de que as policiais femininas são frequentemente direcionadas para trabalhos administrativos, atrás de uma mesa cheia de papéis, sugere uma resistência em reconhecer e utilizar plenamente suas habilidades em atividades operacionais.

Além disso, a policial menciona a dificuldade enfrentada por algumas oficiais mulheres ao administrar homens sob seu comando. A resistência ou rebelião por parte dos homens pode refletir atitudes machistas ou uma relutância em aceitar o comando de uma mulher. Essa dinâmica coloca desafios relacionados à igualdade de gênero dentro da instituição policial, destacando a necessidade de uma mudança cultural e estrutural para melhor integrar as policiais femininas no ambiente operacional.

3.4.1 Indignação pelo não reconhecimento das capacidades inerentes à função: o "ser mulher" dificultando os acessos

Dos assuntos abordados nas entrevistas, um dos que mais incomoda as mulheres no policiamento ostensivo é quando estas se veem confrontadas pela falta de confiança dos homens no trabalho desempenhado por elas. Os conflitos que emergem nesse cotidiano profissional abrem espaço para diversas reflexões sobre a luta por reconhecimento, bem como para as injustiças advindas do não reconhecimento de práticas de trabalho produzidas nesse cotidiano e que envolvem as relações de gênero, estas construídas socialmente conforme Scott (1988).

A busca pelo reconhecimento de um trabalho produtivo e eficiente, independente de ser mulher, constitui-se no desafio de muitas que estão inseridas no policiamento operacional atualmente. Como exemplo, observemos a indignação contida nos discursos que se seguem.

> *Eu sou uma espécie de "café com leite", não me colocam num guarnição fixa, fico sempre rodando sem função estabelecida. Deixam-me de lado pelo simples fato de ser mulher. Um homem, por menor experiência que tenha na polícia, ou seja, o mais recruta de todos, tem mais moral do que eu, pois nele confiam e em mim não. É como se eu não existisse aqui!* (Pfem, 14 anos de serviço).

> *As mulheres são vistas como se fossem secretárias dentro da polícia.[...]. Eu não sirvo pra serviço burocrático, eu não fui treinada pra assinar papel, pra levar documento, eu fui treinada pra ser soldado de polícia, para o serviço operacional, pra atividade fim* (PFem, 6 anos de serviço).

O não reconhecimento advindo das injustiças cotidianas gera desprezo social, dificultando a realização de justiça com relação às minorias (Neves, 2007). Os discursos anteriores nos dão conta da manutenção do modelo de masculinidade, no qual a capacidade de tomada de decisão, a chefia, os atributos físicos continuam dominando a vida cotidiana de homens e mulheres que trabalham no serviço operacional. O fato de se estar atrelado aos diversos aspectos da instituição policial, as regras e normas que as compõem, dificulta, mas ao mesmo tempo abre espaços de discussão para que se reconheçam certas necessidades, ou seja, o justo e o injusto nos diversos aspectos das práticas humanas (Höffe, 2001).

Observa-se também nessas falas o pensamento de Foucault (1988) quando ele diz que homens e mulheres são construção e consequência de uma estrutura de poder. Percebe-se a constituição de um poder tanto negativo como positivo nos discursos acima. Na primeira fala revela o poder negativo no qual as mulheres são anuladas e tratadas como se não existissem no âmbito do serviço operacional "sou uma espécie de café com leite".

Na outra fala observa-se o sentido positivo do poder, sendo este motivo de resistência por parte das mulheres que se recusam a trabalhar somente em setores burocráticos da polícia e querem fazer parte do serviço policial propriamente dito, ou seja, da atividade fim.

É interessante observar as maneiras de fazer, Certeau (1994), tanto de homens como mulheres no cotidiano operacional da PM. Mesmo diante escalas de serviço afixadas, é possível perceber os homens querendo dar um "jeitinho" de não ter mulheres na guarnição. Antes, estas precisam provar que podem dar conta do serviço proposto. Contudo, até que isso se torne prática, elas sofrem o constrangimento da preterição, de verem ainda alguns superiores utilizando das patentes para reorientar posições de modo que as mulheres se sintam como "menos um", ou seja, tanta faz estar ali ou não.

A policial militar expressa sentimentos de exclusão e subestimação de suas habilidades dentro da instituição, quando se percebe como uma espécie de "café com leite", indicando que sua presença não é plenamente reconhecida ou valorizada. O fato de não ser designada a uma guarnição fixa e sentir que está sempre rodando sem uma função estabelecida sugere uma falta de integração e oportunidades claras para contribuir de maneira significativa.

A referência a ser deixada de lado pelo simples fato de ser mulher indica um desafio persistente relacionado ao gênero. A policial destaca a desconfiança em relação às suas capacidades, contrastando com a confiança depositada mesmo nos policiais masculinos menos experientes. Essa percepção de falta de moral e confiança impacta negativamente na sua autoestima e no reconhecimento profissional.

A crítica em relação ao serviço burocrático destaca a frustração de ser direcionada para atividades administrativas em detrimento do serviço operacional para o qual foi treinada. Isso reflete uma insatisfação com o tipo de trabalho atribuído às mulheres na instituição, evidenciando a resistência em reconhecer e integrar plenamente as capacidades das policiais militares em atividades operacionais.

Entretanto, essas desigualdades apontadas nas maneiras de fazer o cotidiano operacional revelam outras facetas. Segundo Honneth (2003), as desigualdades nas relações sociais fazem com que se adotem meios de garantir ao sujeito a preservação da autoestima. As questões que evolvem autoestima e, por consequência, reconhecimento aparecem nas falas a seguir.

> *Eu acredito que é uma quebra de paradigma porque [...] quando a mulher ingressou na polícia, há mais de 20 anos, não se esperava que ela desenvolvesse esse tipo de atividade, que fosse para a rua como eles. Esperava-se que ela ficasse trancada nos gabinetes servindo cafezinho, que ela tivesse sempre uma postura de usar saia e cabelo bem preso e maquiagem bem feita. Não se esperava ver uma mulher de coturno no meio de uma favela, muitas vezes trocando tiro com assaltantes, com traficantes, seja lá com quem for em pé de igualdade.* (PFem, 10 anos de serviço)

> *Minha realização foi preparar uma cadela, foi ser a primeira "Pfem cachorreira", a primeira condutora de cão de faro no estado de Sergipe. Pelo menos nisso eu fiz história. Foi também poder viajar pela Senasp, ser a chamada "boina vermelha". Hoje eu sou Força Nacional condutora de cães, posso fazer isso no país todo e mostrar lá fora que no nordeste também se tem canil. Em contrapartida tinha todo um sofrimento. Primeiro por não conseguir levar adiante muitas coisas sobre o canil por falta de apoio mesmo e isso acabava com o estímulo de qualquer um e por parte dos próprios colegas. Eu não sei se o problema era uma mulher no meio deles, e uma mulher que em um ano de canil tinha uma cadela pronta, enquanto muitos deles tinham 10, 14 anos de canil e nunca tinham feito um cão. Só sei que começou a gerar uma situação muito delicada, surgindo preconceitos do tipo: "Ah! ela é recruta.. Ah! Ela não tem capacidade...Ah! ela é mulher". É aí quando a gente nota a diferença entre homens e mulheres dentro da polícia. Muitos dizem que não existe, dizem que somos iguais, mas nesse momento eu vi ficar bem claro diante de mim. Isso é muito maior do que parece. Só está maquiado.*

Eu ouvi de colegas que "canil não era lugar de mulher". Eu ouvi de colegas que "mulher sequer deveria ter entrado na polícia". Eu não vejo o porquê desse tratamento. Talvez seja a coisa de se assustar, pois quando eles percebem que uma mulher pode fazer o serviço que eles fazem tão bem, ou melhor, do que eles, isso assusta. (PFem, 6 anos de serviço)

Bom quando se fala em justiça a gente quer mesmo é ser reconhecida enquanto profissional. Eu me sinto injustiçada porque sou vista apenas como um soldado e não como técnica voltada para a segurança. Eu tenho formação superior e geralmente isso não é levado em conta. Muitas vezes seu trabalho é desfeito por pessoas que não entendem da área pelo simples fato de ser seu superior hierárquico. Você que está na condição de subordinada é mal avaliada e acaba não tendo reconhecimento devido do seu trabalho. Outra injustiça que eu já sofri dentro da polícia é denominar certos trabalhos apenas para o feminino, por exemplo, cerimonial, recepção, entrega de medalhas. Por que só a mulher? Isso deveria ser função também. Qual é o desprestígio de um homem entregar medalha, trabalhar numa solenidade? Injustiça também por ouvir comentários depreciativos quando você vai cumprir alguma escala operacional e as pessoas acabam olhando para sua aparência e te rotulam, te avaliam pela sua aparência e não pela sua competência, sem ao menos saber quem você é. Justiça vem com a valorização do profissional, com abertura para que ele cresça profissionalmente e desse crescimento venha promoção, boas condições de trabalho e a exteriorização desse trabalho, ou seja, o reconhecimento. No entanto o que é bastante comum é a prática de injustiça através de rótulos e o pior é não te dar espaço pra você provar o contrário (PFem, 14 anos de serviço).

Acredito que deveria haver mais reconhecimento. É muito ônus, pois além do trabalho ser complexo ainda há a questão de nas folgas ter que ir às audiências. Outra forma de reconhecimento seria utilizar equipamentos adequados ao corpo feminino (PFem, 6 anos de serviço).

Sim, falta reconhecimento quando tenho que provar constantemente que sou capaz de fazer algo. Enquanto vejo almguns homens que não têm compromisso com o serviço, mas que não há cobrança nenhuma (PFem, 6 anos de serviço).

Positivo é o reconhecimento por parte dos colegas que lhe respeitam pelo que você faz. Negativo é o fato de não ter estrutura

MULHERES POLICIAIS

> *voltada para a mulher na polícia. Acredito que deveríamos ser julgados pela capacidade profissional e não pelo gênero. Saber se tem aptidão, firmeza, saber o que falar e ter vontade de estar ali* (PFem, 6 anos de serviço).

> *Em alguns pontos, Sinto-me reconhecida pelos meus colegas não pela polícia. Hoje em dia eu vejo pessoas que mudaram seu modo de pensar depois que começaram a trabalhar comigo e isso é muito bom. A PM enquanto instituição não me reconhece como profissional* (PFem, 6 anos de serviço).

> *A diferenciação vem pela questão do gênero em si. A PM ainda tem o ranço de ver o feminino como uma coisa muito frágil. Isso acaba trazendo certos inconvenientes ao serviço. Existem guarnições que ainda demonstram não querer trabalhar com as policiais femininas. Outras têm uma policial feminina, mas na hora das ocorrências acabam deixando ela no plantão e saem na viatura sem a mulher. É, portanto, uma diferenciação enorme* (PFem, 14 anos de serviço).

Podemos perceber em alguns dos discursos elencados os entraves que fazem com que a luta por reconhecimento se estabeleça. O desrespeito quando há a desvalorização do trabalho desenvolvido por mulheres; quando há tipos de trabalhos orientados apenas para elas, como é o caso das entregas de medalhas e serviço de recepcionista em solenidades; e quando não se reconhece a profissional mulher por sua capacidade, mas pelos rótulos que a ela foram atribuídos. São estes modos de desrespeito que impedem o indivíduo de chegar à plena realização (Honneth, 2003).

Outro ponto de destaque nos discursos é a questão das múltiplas formas de poder. De acordo com a reflexão proposta por Foucault (1995) os objetivos que motivam as ações de uns sobre os outros podem ser a fim de manter privilégios. O discurso acima aponta para a questão da diferenciação sofrida pelas mulheres como reflexo do que a igualdade das ações possa provocar no modelo masculino vigente. O avanço das mulheres em profissões tipicamente masculinas provoca, segundo a entrevistada, insegurança nos homens, ocasionando repulsa à participação e aceitação do trabalho das mulheres no ambiente operacional.

As falas das policiais militares destacam a percepção de uma quebra de paradigma em relação à presença feminina na polícia. Essa mudança é associada à superação de estereótipos de gênero, onde se esperava que as mulheres ocupassem apenas funções administrativas e tivessem um comportamento mais tradicional, como servir cafezinho nos gabinetes. A ideia de mulheres atuando em atividades operacionais, como trocar tiros com criminosos, é mencionada como um desafio enfrentado ao longo dos anos.

Há relatos de conquistas individuais, como ser a primeira "Pfem cachorreira" e condutora de cães, indicando um avanço na diversificação das atividades desempenhadas pelas mulheres na polícia. No entanto, essas realizações muitas vezes são acompanhadas de resistência e preconceito por parte de colegas masculinos, evidenciando desafios relacionados à aceitação e igualdade de oportunidades.

A questão da justiça e reconhecimento profissional também é abordada. Algumas policiais sentem que seu trabalho não é devidamente reconhecido, sendo vistas apenas como soldados e não como profissionais técnicas voltadas para a segurança. O desprestígio de certas funções quando atribuídas apenas às mulheres, bem como comentários depreciativos relacionados à aparência, são citados como formas de injustiça percebidas no ambiente policial.

A falta de reconhecimento institucional é ressaltada, contrastando com o respeito recebido dos colegas de trabalho. Além disso, as entrevistadas apontam a necessidade de superar estereótipos de fragilidade associados ao gênero feminino, evidenciando a resistência de algumas guarnições em aceitar e integrar policiais femininas em atividades operacionais. Esses relatos sugerem a existência de desafios significativos relacionados à igualdade de gênero e ao reconhecimento profissional dentro da instituição policial.

3.5 Múltiplos aspectos do serviço operacional: os olhares se cruzam

A participação das mulheres no serviço operacional revela um número baixo como já foi exposto. O policiamento operacional é um lugar de ambiguidades, pois as mulheres e homens que trabalham no BPChq, por exemplo, também podem exercer funções administrativas concomitantes com as operacionais, dificultando a exatidão das ações desenvolvidas. Entretanto, é fato a participação das mulheres nesse modelo de policiamento, havendo, portanto sobre o que refletir nas concepções existentes. Observe:

> *A disponibilidade para o trabalho é uma marca de quem trabalha aqui e isso faz diferença para a sociedade, pois ela percebe esse diferencial. Operacionalidade é sinônimo de trabalho, pois há muito serviço. É o serviço constitucionalmente autorizado de trabalhar na rua, combater a violência. É o trabalho que faz "suar o colete", é aquele que a sociedade ver e realmente tem a sensação de segurança (PM, 14 anos de serviço).*

> *O Bom profissional é aquela pessoa que sabe fazer o seu trabalho. Se for para fazer isso faz e pronto. Não precisa procurar alguém que faça pra ela, nem tampouco um superior que vá lhe poupar do serviço. É a pessoa que sabe trabalhar e sabe se comportar como policial. Essa motivação faz um bom profissional. Na verdade, em qualquer área, cumpre seus horários, sabe se colocar com respeito, sabe diferenciar o profissional do particular (PM, 14 anos de serviço).*

> *A habilidade específica para se trabalhar em uma unidade operacional como o Batalhão de Choque gira em torno, principalmente, do princípio do voluntariado. A diferença das tropas que têm missões especiais, diferente das tropas convencionais, é o princípio do voluntariado. Se essa policial feminina tiver, a priori, o desejo de participar dessa tropa, sendo voluntária para isso, naturalmente as demais coisas são adquiridas com treinamento, com a capacitação e com as instruções diárias, com a convivência com a tropa porque não há nada de tão difícil na tropa de choque. O que é necessário, na verdade, é o princípio da voluntariedade, porque as demais coisas vêm com naturalidade e com as experiências diárias (PM, 19 anos de serviço).*

> *Eu quando vim p cá tinha uma visão distorcida do Choque. O que vejo hoje é um trabalho de choque muito consciente. O uso da força com resguardo, isso me fascina. O posicionamento, a maneira de fazer com o diferencial do Choque que é sempre primar pela melhor execução (PFem, 6 anos de serviço).*

O discurso oficial aparece em quase todas essas falas quando se referem à questão do voluntariado. A disponibilidade para o serviço como prioridade para o policiamento operacional. Outra marca importante dos discursos acima é a crítica que aparece ao fato das mulheres serem vistas dentro da corporação como protegidas e incapazes de exercer determinadas funções.

As declarações dos policiais militares enfatizam a importância da disponibilidade para o trabalho operacional, destacando que o serviço nas ruas é percebido pela sociedade como um diferencial na promoção da segurança. A operacionalidade é associada à autorização constitucional para trabalhar nas ruas e combater a violência, representando um esforço significativo que impacta diretamente a sensação de segurança da população.

Além disso, são mencionados atributos importantes para um bom profissional na polícia, como a capacidade de executar o trabalho de maneira autônoma, cumprir horários, comportar-se com respeito e distinguir o âmbito profissional do pessoal. Esses atributos são considerados fundamentais em qualquer área de atuação.

No contexto específico do Batalhão de Choque, destaca-se o princípio do voluntariado como crucial para integrar a unidade. A voluntariedade é vista como essencial para aqueles que desejam participar da tropa de choque, sendo que outras habilidades e conhecimentos necessários podem ser adquiridos por meio de treinamento, capacitação e experiência diária. A visão sobre o Batalhão de Choque evolui, destacando o trabalho consciente, o uso da força com resguardo e a busca pela melhor execução das atividades.

Essas perspectivas fornecem *insights* sobre a valorização do trabalho operacional, a importância de atributos pessoais e profissionais, bem como a visão específica em relação ao Batalhão de Choque e suas características distintivas.

A seguir, algumas impressões das mulheres que atuam nas guarnições no serviço operacional sobre o mundo masculinizado em que atuam:

> *O mundo masculino tem conversas próprias. Ter que limitar isso, se acomodar a outras maneiras de falar, é bem complicado. O mais fácil pra eles é tirar do meio quem se insurge contra isso, é excluir mesmo. Por exemplo, uma guarnição com quatro homens recebe uma mulher. Quando eles têm que limitar as conversas, a maneira de se portar muda, o trabalho que eles iam fazer já se torna limitado. As mulheres já chegam com a fama de certinha, de que não se pode conversar tudo na presença delas e isso se torna em limite. Eles preferem não ter a limitação no falar* (PFem, 6 anos de serviço).

> *Em relação ao relacionamento mulher-mulher pra mim é tranquilo, pois aqui quando precisamos reivindicar alguma coisa nos unimos e vamos ao comandante da companhia. Com relação ao relacionamento homem-mulher há ainda muitas barreiras, pois*

MULHERES POLICIAIS

> *muitos homens não aceitam trabalhar com mulheres por achar que elas não têm competência e não sentem confiança no trabalho delas. Eu mesma passei uma situação complicada quando fui motorista por um ano quando houve muita resistência dos policiais que achavam que mulher não poderia dirigir viatura de polícia. E apesar de não ter experiência nenhuma aceitei a função e provei para muitos que podia dirigir sim e aprendi muito com isso. Embora tenha recebido o apoio de muitos, a maioria resistiu. Inclusive pela falta de experiência eu colidi uma viatura, sendo que, a maioria dos policiais masculinos já colidiu duas ou mais viaturas. Por isso eu fui bastante apontada por estar dirigindo e que isso não iria dar certo. Quando o fato aconteceu eu fui retirada da função sob grande pressão, eu me sentia discriminada, eles diziam que era um absurdo e eu precisava constantemente provar que era capaz* (PFem, 6 anos de serviço).

Os relatos das policiais militares destacam desafios relacionados ao ambiente predominantemente masculino. As mulheres mencionam a resistência dos homens em aceitar a presença feminina em equipes operacionais, apontando para preconceitos e estereótipos de gênero. Além disso, abordam a dificuldade de os homens adaptarem suas conversas e comportamentos ao terem mulheres na equipe, sugerindo que isso pode levar à exclusão ou limitação das mulheres no ambiente de trabalho.

A questão da confiança e competência também é abordada, indicando que algumas resistências dos homens estão relacionadas à percepção de que as mulheres não são capazes de desempenhar determinadas funções. A experiência da policial feminina como motorista de viatura é um exemplo específico de desafio enfrentado, com relatos de resistência por parte de alguns colegas.

Essas narrativas evidenciam a necessidade de superar estereótipos de gênero e promover um ambiente de trabalho mais inclusivo, no qual as mulheres sejam reconhecidas por suas competências e não sejam limitadas por preconceitos. As dificuldades relatadas também apontam para a importância de programas de sensibilização e treinamento para promover a equidade de gênero e a aceitação das mulheres em diferentes funções dentro da polícia militar.

Os questionamentos dos policiais mais antigos sobre a inexperiência das mulheres para atuar no policiamento operacional são refutados com a fala da entrevistada:

> *As relações são mais conturbadas porque falta a inserção adequada ao meio operacional, com seus diferenciais, senão a pessoa fica voando sem saber o que fazer logo que chega. O que falta na realidade é patrocinar a socialização através dos conhecimentos específicos com os demais participantes do contexto, pois o que há de diferente entre um mais antigo e um que esta chegando é o conhecimento. A experiência vem com o percurso feito por cada um* (PFem, 6 anos de serviço).

Aqui observamos as estratégias às quais Foucault (1988) se refere em funcionamento, reveladas na maneira de se impor como os "experientes" quando, na verdade, todos, em algum momento da trajetória profissional, são inexperientes. Essa demonstração de poder intimida quem está chegando e colabora para o surgimento de conflitos cotidianos quando a parte mais fraca resiste e não se conforma a esses padrões.

Outro ponto que foi elencado é o respeito à mulher que demonstra capacidade e competência, haja vista que "se ela é capaz, por mim tudo bem que ela seja motorista na minha guarnição" (PM, 14 anos de serviço).

> *É histórico na PMSE que as mulheres sempre trabalham em setores que não sejam operacionais [...] sabemos que as mulheres que vêm para cá são aquelas que querem saber como é trabalhar na rua. Quando eu cheguei aqui e vi mulheres trabalhando, eu também pensava como a maioria dos homens, com os preconceitos de que eram mulheres que queriam ser homens, essas coisas [...]. Quando cheguei aqui havia três policiais femininas e comecei a ver o trabalho delas e o nível de profissionalismo que tinham. Então mudei minha opinião. Elas eram profissionais, extremamente guerreiras. A integração, a competência no trabalho, não mediam esforços no trabalho, não tinham "frescuras", encaravam os mesmos trabalhos com muito profissionalismo e demonstravam sempre interesse pela atividade policial* (PM, 14 anos de serviço).

Contudo, há indignação por parte de alguns homens quando estes se deparam com mulheres que não desempenham as mesmas funções pelo fato de "ser mulher". Por exemplo, quem trabalha na guarda do quartel e tem que cumprir os horários noturnos, nas madrugadas (conhecidos como quarto de hora) e se deparam com mulheres que não querem fazer esse trabalho: "*Isso é injusto! eu trabalhar no lugar dela pelo fato de ser homem e ela ir dormir e ficar nos melhores horários sempre. Tem que dividir igual!*" (PM, 14 anos de serviço).

A declaração de um policial militar (PM) com 14 anos de serviço destaca a mudança de percepção em relação às mulheres na PMSE. O policial menciona que historicamente as mulheres na PMSE eram alocadas em setores não operacionais. No entanto, ao se deparar com mulheres trabalhando em unidades operacionais, inicialmente compartilhou dos preconceitos comuns de que essas mulheres queriam ser como homens. Contudo, ao observar o profissionalismo, a competência e a dedicação das policiais femininas, sua opinião mudou. Ele passou a reconhecê-las como profissionais extremamente guerreiras, destacando a integração, o profissionalismo e a disposição para enfrentar desafios sem hesitação.

Essa fala evidencia uma transformação de atitude e uma quebra de estereótipos, mostrando como a observação direta do desempenho e profissionalismo das mulheres na unidade operacional foi capaz de alterar a perspectiva inicial do policial em relação ao papel delas na PMSE.

> *Não vejo diferença. Já peguei algumas equipes que em princípio não queriam trabalhar com mulher, mas depois de dois serviços mudaram radicalmente de opinião. Eu acho que quem faz a opinião dos outros é você. Se você trabalha em pé de igualdade, sem frescura, como tem que ser numa unidade operacional, não há diferença nenhuma, não há preconceito nenhum. Isso é o meu ponto de vista, de que não há diferença nenhuma a não ser que a mulher se imponha diferente, do tipo, não posso fazer isso, não posso fazer aquilo. Quando você vai pra uma unidade operacional você tem que fazer tudo que um homem faz, do mesmo jeito ou melhor que eles* (Pfem, 6 anos de serviço).

> *Na RP você assume as mesmas funções que um homem assume com todo detalhe que é necessário, dependendo do seu posicionamento dentro da equipe. Se você vai abordar, você aborda tanto homens quanto mulheres. O que for preciso fazer num abordagem minuciosa, o serviço é seu e é você que tem que fazer. E nesse sentido se a mulher quer trabalhar numa unidade operacional, ela tem que fazer* (Pfem, 6 anos de serviço).

A marca comum aos discursos acima é o modelo masculino como regra no serviço operacional da PM. Tanto homens quanto mulheres apontam características como "guerreiro(a)", daquele(a) que é "sem frescura" como sendo forte, e daquela que sabe "fazer do mesmo jeito deles". Tais características são marcas do paradigma vigente, no qual, para que haja o mínimo de aceitação por parte deles ao serviço delas faz-se necessário tal acomodação.

As falas enfatizam a perspectiva de igualdade de gênero nas unidades operacionais e como as mulheres podem superar eventuais resistências ou preconceitos. Ela destaca que não vê diferença entre homens e mulheres nas unidades operacionais. Ela compartilha experiências de equipes inicialmente relutantes em trabalhar com mulheres, mas que mudaram de opinião após a convivência. Sua visão é de que a opinião dos outros é moldada pela postura e atuação de cada indivíduo, e que, se todos trabalharem em pé de igualdade, sem frescuras, como exigido em uma unidade operacional, não há diferenças ou preconceitos.

A mesma PFem com 6 anos de serviço destaca que, na RP, as mulheres assumem as mesmas funções que os homens, com a mesma atenção aos detalhes necessários. Ela enfatiza que, dependendo do posicionamento dentro da equipe, as mulheres realizam abordagens minuciosas, tanto em relação a homens quanto a mulheres. Sua perspectiva é de que, para trabalhar em uma unidade operacional, as mulheres devem estar dispostas a desempenhar todas as atividades, da mesma forma ou até melhor do que os homens.

Essas observações refletem uma abordagem pragmática e orientada para a igualdade de gênero, destacando a importância da atuação profissional e da disposição em realizar as atividades inerentes ao trabalho em unidades operacionais, sem distinção de gênero.

Entretanto, podemos perceber avanços quando aparecem discursos que revelam atributos tidos como femininos sendo aliados ao modo de fazer masculino no policiamento operacional. Vejamos:

> *A mulher veio pra quebrar barreiras. Nós conseguimos chegar numa unidade operacional, mas isso a gente sabe que se demorou a conquistar. Havia muito preconceito em relação à mulher não ter capacidade, nem a força física que o homem tem. Entretanto, o que se requer na maioria das vezes são técnica e astúcia e isso homem ou mulher podem desenvolver. Então a contribuição que nós damos é trabalhar com a mesma competência e com um pouco mais de discernimento e atenção que falta aos homens nos momentos de emoção (Pfem, 6 anos de serviço).*

> *Ter capacidade técnica e funcional para desenvolver meu trabalho como qualquer homem. Além disso, a mulher leva certas vantagens no que diz respeito às percepções, muitas vezes singulares que o homem não capta e não se atenta a determinadas coisas. Existem determinadas funções, companhias e setores*

> em que a participação da mulher precisa ser mais efetiva, pois existem funções a meu ver que seriam mais bem desempenhadas por mulheres, devido a sensibilidade e organização (Pfem, 14 anos de serviço)

> A mulher é muito profissional, persistente naquilo que faz. Tem pessoas que independente de sexo se escoram nas outras, então não dá para dizer porque é mulher, mas porque é profissional ou não. Normalmente a mulher é mais atenciosa, mais observadora. O grau de atenção em uma guarnição que tem mulher é bem maior (PM, 14 anos de serviço).

Como se pode observar, as mulheres no policiamento operacional desenvolvem táticas próprias para enfrentar as estratégias que lhes são impostas. Estas usam os atributos ditos femininos ao seu favor quando, em serviço, são percebidas como mais atenciosas, observadoras, ganhando assim espaço para atuar em um nível mais igualitário. Se o modelo, o padrão a ser seguido é o que exalta as características masculinas de força, rigidez e tomada de decisão rápida, as mulheres que se inserem no serviço operacional inovam quando além de se igualarem nos atributos de aceitação podem ampliar estes com características como maior atenção, sutileza, flexibilidade, sensibilidade, transformando estas em táticas a seu favor. Assim, a astúcia aparece quando as forças estratégicas que as relações de poder impõem não resta alternativa aos que se encontram na posição de fracos, tornando-se táticas (Certeau, 1994).

As falas ressaltam aspectos positivos e vantagens percebidas na presença das mulheres nas unidades operacionais da polícia militar. Uma das policiais aponta que a presença feminina nas unidades operacionais representa uma superação de preconceitos. A conquista foi alcançada mesmo diante do preconceito inicial relacionado à capacidade física. A PFem enfatiza que, na maioria das vezes, o que é necessário são técnica e astúcia, habilidades que tanto homens quanto mulheres podem desenvolver. Ela destaca a contribuição das mulheres no trabalho, evidenciando a competência, discernimento e atenção. Ela enfatiza que as mulheres podem trabalhar com a mesma competência que os homens, mas com um diferencial de discernimento e atenção, especialmente em momentos emocionais.

A outra policial menciona que as mulheres possuem vantagens nas percepções, sendo capazes de captar aspectos singulares que os homens podem não notar. Ela ressalta a sensibilidade e organização como características que podem tornar a participação feminina mais efetiva em determinadas funções, companhias e setores.

Ela reforça pontos fortes, tais como profissionalismo e persistência das mulheres no desempenho das funções. Ela observa que, independentemente do sexo, a atenção e a observação são características mais presentes nas guarnições que contam com mulheres, sugerindo um maior grau de atenciosidade feminina.

Essas observações ressaltam não apenas a capacidade técnica das mulheres nas operações policiais, mas também suas contribuições específicas, como discernimento, atenção e sensibilidade, que são percebidas como vantagens em determinados contextos operacionais.

Desse modo, o serviço operacional adquire maior completude em suas ações cotidianas quando conta com a presença de homens e mulheres em uma mesma guarnição, como sugerem as falas a seguir:

> *Choque vai a uma penitenciária para uma rebelião e tem que ser feita uma revista e aí tem que escalar ou uma agente penitenciária ou uma policial de uma outra companhia porque ele não tem uma Pfem pra fazer. Então, eu acho de fundamental importância a presença das mulheres. Elas trazem outro olhar para as coisas* (PFem, 6 anos de serviço).

> *Eu acho que a mulher é de fundamental importância em qualquer que seja a companhia, o jeito que a mulher chega pra negociar é diferente entendeu! A sensibilidade da mulher é diferente. Não que uma mulher no momento de decisão, de ser firme ela não vá ser... ela sabe ser. Do mesmo jeito que há homens que de maneira alguma teriam condições de estar numa companhia como o Choque, como a RP, como a COE entendeu! Então isso vai além de sexo. Acho que é independente de ser homem ou mulher, basta você estar preparado. O que falta na nossa polícia é isso, o preparo. Uma mulher bem preparada serve em qualquer companhia, qualquer batalhão, da mesma forma que os homens* (PFem, 6 anos de serviço).

> *Nós podemos fazer o mesmo serviço que um homem faz. Veja, se um colega seu for ferido em combate você vai conseguir arrastar? Arrasta sim. Você vai ter coragem de trocar tiro? Claro! E pra fazer uma revista num homem? Ai eu faria a pergunta ao contrário. E pra um homem fazer uma revista numa mulher? O que é mais constrangedor? Eu não me sinto constrangida em fazer uma revista num homem e acho muito difícil um homem*

ir à corregedoria se queixar porque eu o apalpei né? Talvez por uma questão até machista, mas é pouco provável que uma mulher revistasse um homem a ponto de deixá-lo constrangido. Agora, um homem revistar uma mulher hein? Ele de várias formas pode deixá-la constrangida. Então, até nisso acho que a gente está em vantagem. Eu não vejo, sinceramente, nada dentro da polícia hoje que nós mulheres não possamos fazer (PFem, 6 anos de serviço).

Eu vejo o trabalho das mulheres no administrativo como sendo muito importante. O trabalho da linha de frente é tão ou mais importante para as mulheres estarem empregadas, pois há situações em que só mulheres podem fazer abordagens às mulheres, mas aí entra em confronto com alguns problemas e estrutura na PM. A PM ainda não está preparada para as mulheres. Temos mulheres há mais de 20 anos e ainda existem unidades que não dispõem de estrutura física para alocar as mulheres. Muitos locais que teriam que ter alojamentos, banheiros não o têm. Isso dificulta na prática do serviço operacional, sendo compreensível o fato de muitas mulheres optarem pelo serviço administrativo. Só agora temos uma associação de mulheres, mas é um longo caminho a percorrer. Quanto à presença da mulher no serviço operacional eu acho imprescindível inclusive para o bom andamento do serviço (PFem, 6 anos de serviço).

As falas das policiais militares destacam várias perspectivas importantes sobre a presença das mulheres nas forças policiais e a sua contribuição em diferentes contextos. Entre elas, que a presença de mulheres é fundamental em situações específicas, como revistas em penitenciárias durante rebeliões. Ela ressalta que o olhar das mulheres pode trazer uma perspectiva diferente para lidar com determinadas situações. Outra policial enfatiza a importância das mulheres em qualquer companhia, destacando a diferença na abordagem de negociação e a sensibilidade que as mulheres trazem para as interações. Ela destaca que essa habilidade é independente do gênero, mas sim da preparação individual.

Outra policial afirma que as mulheres são capazes de realizar qualquer serviço que os homens realizam. Ela aponta que, em situações de combate e revistas, as mulheres são tão capazes quanto os homens. Além disso, ela levanta a questão do constrangimento, sugerindo que as mulheres podem ser mais eficientes em situações delicadas.

Uma policial reconhece que, embora as mulheres sejam capazes, a estrutura policial muitas vezes não está preparada para a presença feminina. Destaca a falta de alojamentos e banheiros adequados como exemplos de desafios estruturais que podem influenciar a escolha de muitas mulheres pelo serviço administrativo.

Menciona-se, ainda, a criação de uma associação de mulheres como um passo positivo, mas reconhece que há um longo caminho a percorrer para lidar com questões estruturais e culturais. Logo, essas falas refletem a complexidade das questões enfrentadas pelas mulheres nas forças policiais, incluindo desafios estruturais, expectativas de gênero e a importância de reconhecer as habilidades individuais independentemente do gênero.

3.5.1 Mulheres e homens: em que momento os discursos se unem

Um fato apontado como entrave para o desempenho do serviço operacional é a falta de aprimoramento técnico profissional em uma sistemática de formação continuada. Vejamos:

> *Na PMSE não há formação continuada. Temos que pensar que trabalhamos para a sociedade e que esta é dinâmica e está sempre se aperfeiçoando. Não podemos nos apegar às doutrinas de 1998 quando eu entrei, pois já houve muita atualização nesse tempo, seja na área jurídica, seja na área técnica que envolve a atividade militar. Por exemplo, aqui no Batalhão de Choque sempre temos oportunidade de atirar, mas enquanto estive no interior isso não aconteceu. É por isso que há necessidade de informação e formação continuada nas diversas unidades da PM. Eu estive no Curso de Cabo CFC e pude ver a dificuldade de muitos policiais que diziam estar há mais de 10 anos sem atirar. O manuseio, a empunhadura, a mira, ou seja, as normas mais elementares do manuseio de armas foram afetadas pela falta de treinamento e atualizações constantes* (PM, 14 anos de serviço).

> *À Polícia Militar, como um todo, falta treinamento, falta capacitação, doutrina para todo mundo trabalhar da mesma forma, independente de sexo, falta investimento da polícia militar na qualificação tanto de homens como mulheres* (PFem, 6 anos de serviço).

Nesse ponto homens e mulheres se igualam em seus discursos. Todos os entrevistados e entrevistadas foram unânimes em falar sobre a falta de aprimoramento técnico profissional, de cursos de formação

MULHERES POLICIAIS

continuada, ou seja, qualificação profissional em diversos níveis. Com isso não se constata a falta de formação individual, pelo contrário, muitos já possuem nível superior e especializações como já fora demonstrado na Tabela 8. Os discursos dão conta da falta de treinamento e formação específica para o desenvolvimento da função policial.

Percebe-se, nesse ponto, a necessidade urgente de formação continuada e atualização nas atividades policiais, sublinhando algumas questões importantes, tais como a importância de reconhecer a dinâmica da sociedade e a necessidade de atualização constante.

Uma das policais entrevistadas destaca que as doutrinas de 1998 não podem ser consideradas como guias definitivos, e é crucial acompanhar as mudanças, especialmente nas áreas jurídicas e técnicas militares. A mesma policial aponta uma deficiência significativa na formação continuada, especialmente em unidades onde a oportunidade de atirar é limitada. Ela destaca a importância de treinamentos frequentes, especialmente em atividades técnicas como o manuseio de armas.

O relato da policical com 14 anos de serviço enfatiza as dificuldades observadas durante o Curso de Cabo CFC. Muitos policiais afirmaram não ter atirado por mais de 10 anos, resultando em desafios básicos no manuseio de armas. A falta de treinamento constante afeta aspectos fundamentais e compromete a eficiência operacional.

Outra entrevistada evidencia a falta de treinamento e capacitação em toda a polícia militar, enfatizando a necessidade de uma doutrina comum para todos, independentemente do gênero. A uniformidade na abordagem é vista como essencial para garantir a eficácia nas operações.

A policial ressalta, ainda, a necessidade de investimento por parte da polícia militar na qualificação de homens e mulheres. A falta de treinamento afeta diretamente a capacidade operacional, e o investimento em capacitação é considerado vital para o aprimoramento profissional.

Essas observações apontam para a urgência de iniciativas que promovam a formação continuada, treinamentos frequentes e investimentos em capacitação para garantir que os membros da polícia militar estejam adequadamente preparados para os desafios em constante evolução.

3.5.2 O olhar de quem comanda...

O serviço operacional, a participação das mulheres, vistos aqui sob a lente de quem comanda. Sabe-se que além da hierarquia de gênero existe a hierarquia própria a uma instituição militar. O poder que é distribuído e normatizado na instituição policial conta com divisão de papéis e obediência às ordens estabelecidas (Listgarten, 2002). Mediante os discursos que se seguem é possível perceber além do discurso oficial que visa a atender os fins da instituição, no qual o fator disponibilidade para o serviço aparece marcadamente, percebe-se o cotidiano das ações e o lugar em que as mulheres policiais aparecem com realçada importância.

É de suma importância a presença feminina e eu digo que nós não saberíamos mais como trabalhar o dia a dia aqui sem a presença feminina pelo espaço que já foi conseguido. Inobstante no BPChq hoje o percentual ser baixo, mas elas se mostram importantes em todas as atribuições que lhes são conferidas. Tanto na administrativa, logística, comunicação social e também pelas atividades operacionais. Aqui, as mulheres trabalham e não há diferenças nas missões executadas tanto para o masculino como para o feminino. Também eu quero ressaltar a questão da necessidade social. Sabemos que com o passar do tempo aumentou o número de cometimento de crimes por mulheres, então por esta inserção no mundo criminal resultam ações em prol de evitar constrangimento, como é o caso das abordagens a mulheres. Se a suspeição por parte de um policial masculino de que uma mulher possa estar portando drogas ou qualquer ilícito não se confirmar pode vir a gerar uma situação de constrangimento. Daí a necessidade também de se ter mulheres nas guarnições policiais para evitar situações de constrangimento envolvendo policiais masculinos na abordagem minuciosa em mulheres (PM, 19 anos de serviço).

Então nós vemos que a mulher no BPChq conquistou um espaço que é irreversível. Claro que esse espaço deve ser aumentado com mais mulheres na tropa para aumentar sua contribuição efetiva. Um exemplo prático que temos é o de torcidas em estádios de futebol, no combate à criminalidade por pessoas do sexo feminino. Isso faz com que a presença da policial feminina seja de suma importância. Assim aguardamos por mais concursos públicos, vindo mais mulheres para a corporação a fim de tornar as ações policiais mais eficientes e eficazes, haja vista o quantitativo de mulheres no serviço operacional ainda ser diminuto (PM, 19 anos de serviço).

MULHERES POLICIAIS

> *A presença das mulheres nas guarnições de rua para mim é normal, sem problema algum. A mesma capacidade operacional que um homem tem a mulher também tem e isso não faz diferença e a confiabilidade é a mesma, pois somos parte de um corpo, de uma tropa e que esse corpo é formado por muitos membros e esse batalhão é formado por homens e mulheres que têm as mesmas responsabilidades e as mesmas obrigações, as mesmas instruções e que isso não faz diferença. Então a confiabilidade é a mesma e com um diferencial, com as equipes que têm mulher, as abordagens ao público feminino se tornam mais fáceis e a prova é tanta que, aqui e acolá, nós temos que enviar policiais femininas para algumas guarnições a fim de fazer uma abordagem mais aprofundada, minuciosa, a fim de melhor efetivar o trabalho policial. Então, isso é mais um direcionamento, um ganho na eficiência e eficácia do serviço* (PM, 19 anos de serviço).

Assim, perpassando os discursos elencados neste capítulo, ao tempo em que se observa o preconceito há também admiração pela presença das mulheres nas guarnições operacionais. As observações realizadas nos eventos juninos locais dão conta da satisfação que alguns policiais masculinos demonstram quando mulheres realizam abordagens aos suspeitos. A postura firme e a capacidade de exercer tais funções apontam para a demonstração de competência profissional, como fora observado também na pesquisa de Lombardi (2010).

Para alcançar essa postura, as mulheres policiais muitas vezes se veem compelidas a reproduzir os modelos masculinos, conforme apontado por Capelle (2006). As expectativas em torno do desempenho das mulheres em situações de abordagem exigem um padrão mais rígido, demandando uma postura firme que contrasta com os estereótipos tradicionais de comportamento feminino, que valorizam sensibilidade e compreensão. Essa pressão para se adequarem a um molde predominantemente masculino pode representar um desafio adicional para as mulheres no ambiente policial, contribuindo para a complexidade das dinâmicas de gênero e poder dentro da instituição.

CONSIDERAÇÕES FINAIS

O presente livro se dedicou à análise do cotidiano das mulheres que atuam no serviço operacional da Polícia Militar de Sergipe, buscando compreender as estratégias que permeiam as relações de poder nesse ambiente. O contexto revela desafios relacionados ao modelo predominante de masculinidade nas práticas policiais ostensivas, sendo este o ponto central de nossa investigação.

A proposta de estudo concentrou-se nas dinâmicas que emergem das relações sociais de gênero, destacando o Batalhão de Choque como um espaço emblemático para tal análise. As mulheres policiais, ao ingressarem nesse ambiente historicamente masculinizado, enfrentam situações que revelam complexidades nas interações cotidianas, destacando-se as questões de discriminação e desrespeito.

A falta de estrutura institucional para receber as mulheres, evidenciada pela ausência de alojamento feminino em diversas unidades, emerge como um desafio adicional. A criação de uma associação para atender as demandas das mulheres na segurança pública em Sergipe surge como uma inovação relevante, representando uma tentativa de organização e pressão por direitos e reconhecimento.

A pesquisa revelou que a inserção das mulheres nas instituições policiais ocorreu principalmente no período pós-ditatorial, visando mudar a imagem repressora da polícia. Contudo, essa inserção não foi acompanhada por estruturas adequadas, resultando em desafios significativos para as mulheres no cotidiano policial.

A análise das relações de gênero no policiamento operacional mostrou oscilações no tratamento dispensado às mulheres, evidenciando estereótipos e preconceitos. A resistência e a acomodação por parte das mulheres em relação aos padrões estabelecidos revelam dinâmicas complexas, influenciando a construção de identidades e a redefinição dos papéis femininos na instituição.

A necessidade de uma definição específica do perfil profissional da mulher na PMSE é ressaltada, bem como a importância da presença feminina nas guarnições policiais, principalmente em abordagens a mulheres. A pesquisa destaca a resistência interna das mulheres, que, mesmo em número reduzido, promove mudanças na cultura organizacional, desafiando as antigas concepções de fragilidade.

Em síntese, as mulheres policiais, ao absorverem e transformarem o modelo existente, surpreendem ao fortificar posições antes consideradas frágeis. Suas manobras astuciosas proporcionam novas formas de pensar e fazer o policiamento ostensivo, evidenciando a necessidade de revisão e atualização dos padrões estabelecidos.

Assim, este livro contribui para a compreensão das dinâmicas de gênero no contexto policial e aponta para a importância de políticas institucionais que promovam a equidade e o reconhecimento das mulheres nesse ambiente desafiador.

ATUALIZAÇÕES E REFLEXÕES: DOZE ANOS DEPOIS...

Após 12 anos da realização desta pesquisa, é relevante destacar algumas atualizações e reflexões adicionais que contribuem para o entendimento das experiências das mulheres policiais em Sergipe.

A primeira alteração refere-se ao título do trabalho. Inicialmente, o título proposto era "Mulheres Policiais nas Unidades Operacionais da PMSE: Surpresas e Mobilidade em Meio às Práticas Ostensivas". No entanto, após uma revisão cuidadosa e considerando a ênfase desejada no tema das desigualdades de gênero e das estratégias adotadas pelas mulheres policiais no cotidiano das unidades operacionais, optamos por uma nova formulação. O título revisado agora é "Mulheres Policiais na PMSE: Desigualdades e Estratégias no Cotidiano das Unidades Operacionais". Esta mudança busca melhor refletir a essência do estudo, destacando não apenas a presença feminina nas operações policiais, mas também as barreiras enfrentadas e as estratégias desenvolvidas por essas profissionais para superar tais desafios. Esperamos que essa nova abordagem resulte em uma representação mais precisa e abrangente do tema em questão, proporcionando uma análise mais profunda e relevante para o público-alvo.

Desde a realização da pesquisa original em 2012, o número de mulheres policiais em Sergipe aumentou significativamente. De acordo com dados recentes fornecidos pela PMSE[93], o número atual de mulheres na Polícia Militar de Sergipe é de 649 policiais mulheres, representando um aumento de 12,24% em relação ao período da pesquisa original, quando eram apenas 6% do público geral de policiais. O efetivo geral atual é de 5.302 policiais, com 4.653 masculinos. O aumento percentual feminino se deve às oportunidades de ingresso geradas na última década, em virtude do maior número de concursos públicos em comparação com décadas anteriores.

Essas atualizações fornecem uma visão mais abrangente do cenário atual e das dinâmicas em evolução dentro da Polícia Militar de Sergipe em relação à participação e experiências das mulheres policiais. Como parte

---

[93] Solicitação feita por meio da Comunicação Interna n.º 2024076555 em 16 de abril de 2024.

da atualização desta pesquisa, foram conduzidas entrevistas adicionais com mulheres policiais que desempenham um papel ativo na promoção da equidade de gênero e oportunidades dentro da instituição.

No ano de 2024, ao reler a dissertação para uma possível publicação, deparei-me com a história de duas policiais sergipanas que, à época da investigação, não participaram. Por dever de justiça, entrei em contato com duas por telefone para conversar. Sempre muito atuantes na corporação, estiveram envolvidas desde o início da peleja judicial, relatada no Capítulo I. As promoções ao posto de sargento vieram e outras se seguiram. Atualmente, alcançaram o oficialato e ocupam o posto de 1.º tenente, mas as lutas pelas quais passaram ainda não terminaram. Muitos processos ainda estão em andamento, entre contestações das promoções e solicitações de despromoção delas. Algumas policiais que estavam no processo inicial abriram mão do direito, mediante acordo, e hoje continuam em postos de menor hierarquia militar. Elas lembraram que a primeira petição data do ano 2000, com 24 anos de movimentações judiciais, gerando muitos desgastes e inquietações.

Na época da investigação, com os prazos curtos e as dificuldades enfrentadas, não consegui entrevistá-las. Ambas são oriundas da mesma turma de soldados em 1996 e foram as primeiras mulheres policiais em Sergipe a integrar uma unidade de operações especiais, a Companhia de Operações Especiais – COE. Em 1999, realizaram o Curso de Operações Especiais/Coesp[94] e se destacaram pela técnica e as estratégias para se manterem ativas durante o curso e, posteriormente, na unidade.

Nos relatos que fizeram sobre o curso, apontaram as dificuldades que as mulheres têm para se inscrever a participar de cursos operacionas, por medo de enfrentar os Testes de Aptidão Física – TAF. Pontuaram que o medo as detém por sentirem que ali não é o seu lugar, quando têm que disputar colocações para participar dos cursos. Parece que o estereótipo de que, se há um lugar para a mulher, não é em um curso operacional, não é em uma unidade operacional, continua bem presente.

Hoje, falam do orgulho que sentem em continuar na corporação, mas relatam que o que mais as incomoda é o desencorajamento para que as mulheres se desenvolvam na instituição; o destaque aos trabalhos burocráticos como sendo um campo de pertencimento às mulheres. Além

---

[94] Boletim Geral Ostensivo – BGO n.º 155/99.

disso, as estruturas não adaptadas e as sequelas emocionais que muitas mulheres enfrentam.

Durante nossa conversa, discutimos a questão do cerceamento de direitos por meio das cotas de ingresso para o público feminino, que até então eram limitadas a 10%. Em uma decisão recente, em maio de 2024, o Supremo Tribunal Federal (STF) decidiu revogar essa restrição em concursos públicos realizados nos estados de Sergipe, Roraima e Ceará. O STF[95] adotou um entendimento contrário à discriminação de gênero e preservou os concursos que já haviam sido concluídos. Essa decisão marca um avanço significativo na luta pela igualdade de gênero no acesso a cargos públicos, eliminando barreiras e promovendo uma maior inclusão das mulheres no serviço público.

Outra abordagem enfatiza o papel atual de apoio às policiais mais jovens, além do esforço em manter um ambiente de trabalho o mais respeitoso e colaborativo possível. Ambas ocupam posições de liderança e percebem as dificuldades que algumas mulheres enfrentam para se expressar verbalmente, muitas vezes conformando-se aos padrões estabelecidos e naturalizados. A insegurança em relatar situações indesejadas, devido à falta de tratamento adequado do assédio, é um problema sério que causa instabilidade emocional.

> *O ciclo de machismo ainda é muito ativo. Desconstruir ações machistas e preconceituosas é difícil para nós também, porque nós também as praticamos. O feminino com feminino também se relaciona com desigualdade e desrespeito* (Pfem, 28 anos de serviço).

Ela continuou: "Respeitar o outro é a base e tudo flui melhor".

A proposta que trouxeram para minimizar as desigualdades é de colaboração, de suporte ao invés de sentimentos de separatismo, que já pautaram a história nas corporações policiais brasileiras entre oficiais e praças. O legado que deixam para as próximas gerações de policiais é de superação e resistência, inconformismos e lutas que acompanham suas trajetórias, apesar da falta de reconhecimento do trabalho ainda persistir.

---

[95] "A decisão foi tomada na sessão virtual concluída em 10/5, no julgamento das Ações Diretas de Inconstitucionalidade (ADIs) 7480, 7482 e 7491. As ações fazem parte de um lote de 17 ADIs em que a PGR questiona leis estaduais que reservam um percentual mínimo de vagas para mulheres nesses concursos." Disponível em: https://portal.stf.jus.br/noticias/verNoticiaDetalhe.asp?idConteudo=537157&ori=1. Acesso em: 25 maio 2024 às 18:32hs

Mais de uma década se passou desde a defesa dessa investigação, e percebemos os resquícios desses comportamentos masculinos que excluem ou, pelo menos, querem excluir e neutralizar mulheres. Destaca-se, portanto, a contribuição significativa dessas policiais que compartilharam suas perspectivas sobre os desafios enfrentados pelas mulheres policiais em Sergipe e as estratégias para promover uma cultura organizacional mais inclusiva e igualitária.

Desse modo, rogo que as novas gerações de policiais se apoiem e se fortaleçam, pois essas histórias aqui relatadadas não morrerão. A escrita nos permite isso. Daqui a 50 anos, poderemos revisitar as lutas pelo reconhecimento profissional das mulheres policiais de Sergipe e mais uma vez tecer comparações. No entando, espero que as próximas pesquisas nos tragam mais avanços e melhores comparações.

REFERÊNCIAS

ABRAMO, Laís. Um olhar de gênero: visibilizando as precarizações ao longo das cadeias produtivas. *In:* ABRAMO, Laís; ABREU, Alice de P. **Congresso Latino Americano de Sociologia do Trabalho**. São Paulo: ALAST, 1998, p. 39 a 61.

ANDRADE, Carlos Drummond de. **A senha do mundo**. 12. ed. Rio de Janeiro: Civilização Brasileira, 2007.

ARANHA, Roberto (org.). Constituição do Estado de Sergipe de 1989. **Legislação Policial Militar do Estado de Sergipe**. Salvador: Garamond, 1997.

BALESTRERI, Ricardo Brizola. **Polícia e Direitos Humanos**: do antagonismo ao protagonismo. Um guia para ONG'S sobre parcerias educacionais. Porto Alegre: Pallotti, 1994.

BALESTRERI, Ricardo Brizola. **Direitos Humanos**: coisa de polícia. Passo Fundo: CAPEC, 1998.

BARDIN, Laurence. **Análise de Conteúdo**. Tradução de Luís Antero e Augusto Pinheiro. Lisboa: Capa de Edições 70, 1977.

BAYLEY, David H. **Padrões de Policiamento:** Uma Análise Internacional Comparativa. Tradução de Renê Alexandre Belmonte. 2. ed. n. 1. São Paulo, 2002. (Série Polícia e Sociedade).

BEAU, Stéphane; WEBER, Florence. **Guia para a pesquisa de campo**. Petrópolis, RJ: Vozes, 2007.

BECKER, Howard. **Métodos de pesquisa em ciências sociais**. São Paulo: Hucitec, 1994.

BOURDIEU, Pierre. **A dominação masculina**. Rio de Janeiro: Bertrand Brasil, 1999.

BRAGA, É. D. A Capacidade da mulher policial na execução do trabalho desempenhado em unidades operacionais da Polícia Militar de Sergipe. 2010. *In:* Seminário Internacional **Fazendo Gênero 9:** Diásporas, Diversidades e Deslocamentos. Florianópolis, 2010.

BRAGA, É. D. **Trajetórias identitárias e trabalho feminino nas unidades operacionais da Polícia Militar de Sergipe.** *In:* Congresso Luso-Afro-Brasileiro de Ciências Sociais (CONLAB), XI, 2011, Salvador. Trabalho apresentado no GT 01. As múltiplas dimensões do poder: gênero e representações políticas em sociedades luso-afro-brasileiras. Universidade Federal da Bahia (UFBA), Salvador, 2011.

BRASIL. **Constituição da República,** 1988. Constituição da República Federativa do Brasil. Brasília: Senado Federal Subsecretaria de Edições Técnicas, 2008.

BRASIL. **Matriz Curricular Nacional para a formação em Segurança Pública.** Brasília, Ministério da Justiça, 2003.

BRASIL. Secretaria Nacional de Segurança Pública. **Atuação policial na proteção dos direitos humanos de pessoas em situação de vulnerabilidade:** cartilha/ Secretaria Nacional de Segurança Pública. Brasília: SENASP/MJ,2010.

BRODEUR, Jean-Paul. Policiamento "Sob-Medida": um estudo conceitual. *In:* BRODEUR, Jean-Paul. **Como reconhecer um bom policiamento:** problemas e temas. São Paulo: Editora da Universidade de São Paulo, n. 4. 2002. (Série Polícia e Sociedade)

BRUSCHINI, Cristina. O uso de abordagens quantitativas em pesquisas sobre relações de gênero. *In:* COSTA, Albertina de Oliveira; BRUSCHINI, Cristina. **Uma questão de gênero.** Rio de Janeiro: Rosa dos Tempos; São Paulo: Fundação Carlos Chagas, 1992.

BRUSCHINI, Cristina. O Trabalho da Mulher Brasileira nas décadas recentes. **Revista Estudos Feministas,** Rio de Janeiro, v. 2, n. 3, 1994.

BUTLER, Judith P. **Problemas de Gênero:** feminismo e subversão da identidade. Tradução de Renato Aguiar. Rio de Janeiro: Civilização Brasileira, 2003.

CALAZANS, M.E. de. **A constituição de mulheres em policiais:** um estudo sobre policiais femininas na Brigada Militar do Rio Grande do Sul. 2003. Dissertação (Mestrado em Psicologia Social e Institucional) – UFRGS, Porto Alegre, 2003.

CALAZANS, M. E. de. Polícia e gênero: mulheres na polícia ostensiva. *In:* Fórum Brasileiro de Segurança Pública, 2007.

CAPELLE, Mônica C. Alves. **O trabalho feminino no policiamento operacional:** subjetividade, relações de poder e gênero na 8ª Região de Polícia Militar de Minas Gerais. 2006. Tese (Doutorado em Administração) – Centro de Pós-Graduação e Pesquisa em Administração, Belo Horizonte, 2006.

CERTEAU, Michel de. **A invenção do cotidiano:** 1. Artes de fazer. Tradução de Ephraim Ferreira Alves. Petrópolis, RJ: Vozes, 1994.

COSTA, Karla Patrícia Barbosa. **Processos sociais e educativos na formação do soldado:** um olhar sobre a polícia militar de Sergipe. 2005. 167f. Dissertação (Mestrado. em Educação) – Universidade Federal de Sergipe, São Cristovão, 2005.

CRUZ, Maria Helena Santana. Cidadania, crise do trabalho e gênero: desafios para estabilização dos direitos. *In:* NEVES, Paulo S. C. (org.). **Educação e cidadania:** questões contemporâneas. São Paulo: Cortez, 2009.

CRUZ, Maria Helena Santana. **Trabalho, gênero, cidadania:** tradição e modernidade. São Cristóvão: Editora UFS; Aracaju: Fundação Oviêdo Teixeira, 2005.

D'ARAÚJO, Maria C. **Mulheres, homossexuais e Forças Armadas no Brasil.** Disponível em: www.resdal.org/lasa-04-daraujo.pdf.html. Acesso em: 28 fev. 2011.

DE MATOS, Maria Izilda S. Da invisibilidade ao gênero: percursos e possibilidades nas Ciências Sociais contemporâneas. **Margem.** São Paulo n.15, p. 237-252, 2002.

DUBAR, Claude. A sociologia do trabalho frente à qualificação e à competência. **Educação e Sociedade.** Revista quadrimestral de Ciência da Educação, Campinhas, n. 64, 1998.

FERREIRA, Aldo Bruno. **Tropas de Choque e os Direitos Humanos**. (Pós-Graduação em Direitos Humanos) – PRONASCI/ULBRA, Canoas, 2008.

FERRETI, J.C. (org.).; ZIBRAS, D.M.I.; MADEIRA, F.R. e FRANCO, M.P.B. **Novas tecnologias, trabalho e educação:** um debate multidisciplinar. 9. ed. Petrópolis: Vozes, 2003.

FOUCAULT, Michel. **Vigiar e punir:** nascimento da prisão. Tradução de Lígia M.Pondé Vassallo. Petrópolis: Vozes, 1987, 280 p.

FOUCAULT, Michel. **História da Sexualidade. A vontade de saber.** Rio de Janeiro: Edições Graal, v. 1, 1988.

FOUCAULT, Michel. **A ordem do discurso.** 5. ed., São Paulo: Edições Loyola, 1999.

FOUCAULT, Michel. **Microfísica do Poder.** Rio de Janeiro: Edições Graal, 1993.

FOUCAULT, Michel. O sujeito e o poder. *In:* DREYFUS, L.; RABINOW, P. **Michel Foucault: uma trajetória filosófica (para além do estruturalismo e da hermenêutica).** Rio de Janeiro: Forense Universitária, 1995.

FOUCAULT, Michel. **Estratégia, Poder-Saber.** v. 4. Organização e seleção de textos Manoel Barros da Motta. Rio de Janeiro: Forense Universitária, 2003. (Coleção Ditos e Escritos)

GOFFMAN, Erving. **Manicômios, Prisões e Conventos.** São Paulo: Perspectiva, 1974.

GOFFMAN, Erving. **Estigma:** notas sobre a manipulação da identidade deteriorada. 4. ed. Rio de Janeiro: LTC, 1988.

GOFFMAN, Erving. **A representação do eu na vida cotidiana.** Tradução de Maria Célia Santos Raposo. 4. ed. Petrópolis: Vozes, 1989.

GOODE, William J.; HATT, Paul K. **Métodos em pesquisa social.** São Paulo: Nacional, 1969.

GUIMARÃES, Nadya Araújo. Laboriosas mas redundantes: gênero e mobilidade no trabalho no Brasil dos anos 90. **Revista de Estudos Feministas,** Florianópolis: UFSC, 2001.

HALL, Stuart. A centralidade da cultura: notas sobre as revoluções culturais de nosso tempo. **Educação & Realidade,** Porto Alegre, v. 22, n. 2, p. 15-46, 1997.

HALL, Stuart. **A identidade cultural na pós-modernidade.** Tradução de Tomaz Tadeu da Silva e Guaracira Lopes Louro. 7. ed. Rio de Janeiro: DP&A, 2003.

HÉRITIER, Françoise. Masculino/Feminino. *In:* **Enciclopédia Einaudi.** Parentesco, Enciclopédia Einaudi. Lisboa: Imprensa Nacional, Casa da Moeda, 1989. p. 11-26. v. 20.

HÉRITIER, Françoise. **Masculino/Feminino II:** dissolver a hierarquia. Lisboa: Instituto Piaget, 2002.

HIRATA, Helena. **Nova Divisão Sexual do Trabalho?** Um olhar voltado para a empresa e a sociedade. São Paulo: Boitempo Editorial, 2002.

HIRATA, Helena. Da polarização das qualificações ao modelo de competência. *In:*

HIRATA, Helena. A precarização e a divisão internacional e sexual do trabalho. Tradução de Patrícia Chittoni Ramos Reuillard (UFRGS). **Sociologias.** Porto Alegre, ano 11, n. 21, jan./jun. 2009, p. 24-41.

HONNETH, Axel. **Luta por reconhecimento:** A gramática moral dos conflitos sociais. Tradução de Luiz Repa. São Paulo: Ed. 34, 2003.

IBGE. Indicadores - **Principais destaques da evolução do mercado de trabalho nas regiões metropolitanas abrangidas pela pesquisa 2003-2010.** Disponível em: http://www.ibge.gov.br/home/estatistica/indicadores/trabalhoerendimento/pme_n ova/retrospectiva2003_2010.pdf. Acesso em: set. 2011.

LAZZARATO, Maurício; Negri, Antônio. **Trabalho Imaterial:** formas de vida e produção de subjetividade. Rio de Janeiro: DP&A, 2001, p. 7-90.

LE BRETON, David. **Adeus ao corpo:** Antropologia e sociedade. Tradução de Marina Appenzeller. Campinas: Pairus, 2003.

LISTGARTEN, Silvia Caroline. **Diagnóstico identitário da policial feminina na Polícia Militar de Minas Gerais.** 2002. Monografia (Especialização em Administração Pública) – Escola de Governo da Fundação João Pinheiro, Belo Horizonte, 2002.

LOMBARDI, Maria Rosa. Profissão: oficial engenheira naval da Marinha de Guerra do Brasil. **Revista Estudos Feminista,** Florianópolis, 2010.

MARKERT, Werner. **Trabalho, comunicação e competência:** contribuições para a construção crítica de um conceito e para a formação do profissional transformativo. São Paulo: Autores Associados, 2004.

MATOS, Marlise; CYPRIANO, Breno. **Críticas feministas, epistemologia e as teorias da justiça social:** em busca de uma teoria crítico-emancipatória de gênero. *In:* 32º Encontro Anual da ANPOCS. 2008.

MAUSS, Marcel. **Sociologia e Antropologia.** Volumes I e II. São Paulo. EPU/EDUSP, 1974.

MEYER, D. **Do poder ao gênero:** uma articulação teórico-analítica. *In:* LOPES, M. J. M. *et al.* (org.). Gênero e saúde. Porto Alegre: Artes Médicas, 1996. p. 41-51.

MINISTÉRIO DO EXÉRCITO. INSPETORIA-GERAL DAS POLÍCIAS MILITARES. **Manual Básico de Policiamento Ostensivo.**

MINISTÉRIO DO EXÉRCITO. ESTADO-MAIOR DO EXÉRCITO. **Manual de Campanha:** Ordem Unida. 2. ed., 1980.

MOREIRA, Rosemeri; WOLFF, Cristina Sheibe. A ditadura militar e a face maternal da repressão. *In:* **Dossiê gênero, feminismos e ditadura.** Ano X, 2º semestre 2009, p. 56-65.

MORETTO, Vasco Pedro. **Planejamento:** Planejando a educação para o desenvolvimento de competência. 2. ed. Petrópolis: Editora Vozes, 2008.

MUNIZ, Jacqueline. **"Ser policial é, sobretudo, uma razão de ser" Cultura e cotidiano da Polícia Militar do Estado do Rio de Janeiro.** 1999. Tese (Doutorado em Ciênica Política) – Instituto Universitário de Pesquisas do Rio de Janeiro, Rio de Janeiro, 1999.

NEVES, Paulo Sérgio da Costa. Direitos Humanos e cidadania simbólica no Brasil. *In:* **Direitos Humanos:** Os Desafios do Século XXI uma abordagem interdisciplinar. Rubens Braga Lyra, organizador. Ed. Brasília Jurídica, 2002.

NEVES, Paulo Sérgio da Costa; Passos, Gleise R. Policiamento comunitário e crise da segurança pública: um estudo de caso. *In:* MENEZES J. (org.). **Segurança pública:** representações sociais e políticas de formação. São Cristóvão: Editora UFS, 2009, p. 85-101.

NEVES, Paulo Sérgio da Costa. Reconhecimento e desprezo social, ou dilemas da democracia no Brasil contemporâneo: algumas considerações á luz das cotas nas universidades públicas. *In:* NEVES, Paulo S. C. (org.). **Educação e cidadania:** questões contemporâneas. São Paulo: Cortez, 2009.

OFFE, Claus. **Trabalho e sociedade:** problemas estruturais e perspectivas para o futuro do trabalho. Rio de Janeiro: Tempo Brasileiro, 1999.

PAIVA, Vanilda. Qualificação, crise do trabalho assalariado e exclusão social. *In:* Gentile, Pablo; Frigotto, Gaudêncio (org.). **La Ciudadania Negada.** Políticas de exculsión em La educación y La trabajo. Buenos Aires: CLACSO, 2001, p. 49-64.

PEREIRA, Maria Teresa Lisboa Nobre. **Resistências femininas e ação policial:** (re) pensando a função social das delegacias da mulher. 2006. Tese. (Doutorado em Sociologia) – Universidade Federal do Ceará, Fortaleza, 2006.

PERROT, Michelle. **Minha história das mulheres.**Tradução de Angela M.S. Correa. 1. ed. São Paulo: Contexto, 2008.

PINTO, Louis. Experiência vivida e exigência científica de objetividade. *In:* MERL-LIÉ, Dominique *et al.* **Iniciação à prática sociológica.** Tradução de Guilherme João de Freitas Teixeira. Petrópolis: Vozes, 1996.

PITANGUY, Jacqueline; MIRANDA, D. A.. As Mulheres e os Direitos Humanos. *In:* Cepia. (org.). **O Progresso das Mulheres no Brasil.** 1. ed. Brasília: Unifem e Fundação Ford, 2006, p. 14-32.

POCHMANN, Márcio. **O emprego na era da globalização:** a nova divisão internacional do trabalho. São Paulo: Boitempo, 2001.

PORTO, Maria Stela Grossi. Realidade, representações sociais e Segurança Pública: uma interpretação. *In:* MENEZES, Joelina (org.). **Segurança pública:** representações sociais e políticas de formação. São Cristóvão: Editora UFS, 2009.

POSTHUMA, Anne Caroline. Mercado de trabalho e exclusão social da força de trabalho feminina. *In:* ABRAMO, Laís ; ABREU, Alice de P. Congresso Latino Americano de Sociologia do Trabalho. **Gênero e trabalho na sociologia latino-americana.** São Paulo: ALAST, 1998, p. 21-38.

QUEIROZ, Maria Isaura Pereira de. Relatos orais: do "indizível" ao "dizível". *In:* VON SIMSON, Olga de Moraes (org.). **Experimentos com histórias de vida.** São Paulo: Vértice, 1988.

QUINTANA, Mário. **Rua dos cataventos e outros poemas.** Porto Alegre: L&PM, 2006.

QUIVY, Campenhoudt. **Manual de investigações em Ciências Sociais.** Limusa-Noriega Editores. México, 1988.

RAGO, Margareth. Epistemologia feminista, gênero e história. *In:* PEDRO, Joana Maria; GROSSI, Mirian Pilar (org.). **Masculino, feminino, plural:** gênero na interdisciplinaridade. Florianópolis: Rd. Mulheres, 1998. p. 21-41.

RAWLS, John. **Justiça como equidade:** uma reformulação. Organizado por Erin Kelly, tradução de Cláudia Berliner. São Paulo: Martins Fontes, 2003.

RODRIGUES, Carla. Diferença sexual, direitos e identidade: um debate a partir do pensamento da desconstrução. **Caderno Pagu,** p. 209-233, jan./jun. 2010.

ROSALDO, Michelle Z; LAMPPHERE, Louise. **A mulher, a cultura e a sociedade.** Rio de Janeiro: Editora Paz e Terra, 1979.

ROUDINESCO, Elisabeth. **A família em desordem.** Tradução de André Telles. Rio de Janeiro: Jorge Zahar Ed., 2003.

SAFFIOTI, Heleieth. I.B. **Gênero, patriarcado, violência.** São Paulo: Fundação Perseu Abramo. Coleção Brasil Urgente, 2004.

SANTOS, Amanda Freitas dos. **Percepções e perspectivas de mulheres em função de comando na Polícia Militar de Sergipe.** São Cristóvão, SE, 2011. Monografia (Especialização em Violência, Criminalidade e Políticas Públicas)

– Rede Nacional de Altos Estudos em Segurança Pública, Universidade Federal de Sergipe, Sergipe, 2011.

SANTOS, Elza Ferreira. Entre reconhecimento e distribuição: que caminhos de justiça percorrem as mulheres que ocupam carreiras tradicionalmente masculinas? **Anais [...]** Seminário Internacional Fazendo Gênero 9: Diásporas, Diversidades e Deslocamentos. Florianópolis, 2010.

SCHACTAE, Andrea Mazurok. Policial Feminina: representações do feminino na legislação da PMPR. *In:* Seminário Internacional Fazendo Gênero 7: Gênero e Preconceitos, 2006, Florianópolis, SC. **Anais [...]** Seminário Internacional fazendo gênero 7: gênero e preconceito. Florianópolis, SC: Mulheres, 2006.

SCHACTAE, Andréa Mazurok. **Vestindo a farda:** a identidade da mulher militar na polícia feminina no Paraná em 1977. PR: Capes, 2010.

SCOTT, Joan. W. **Gênero:** uma categoria útil para análise histórica. Recife: SOS Corpo, 1991. Tradução do original: Scott, J. W. *Gender:* A Useful *Category* of Historical Analysis. *American* Historical Review. New York: Columbia University Press, 1988.

SCOTT, Joan. W. Igualdade versus diferença: os estudos da teoria pós- estruturalista. Debate feminista. São Paulo: Melhoramentos, 1999. p. 203-222.

SENASP/MJ. **Curso Polícia Comunitária.** 2008.

SENNET, Richard. **A corrosão do caráter.** São Paulo: Editora Record, 1999.

SKOLNICK, Jerome H. **Nova Polícia:** Inovações na Polícia de seis cidades Norte-Americanas. Tradução de Geraldo Gerson de Souza. 2. ed. São Paulo: Editora da Universidade de São Paulo, n. 2, 2002. (Séria Polícia e Sociedade).

SOARES, Barbara Musumeci; MUSUMECI, Leonarda. **Mulheres policiais:** presença feminina na Polícia Militar do Rio de Janeiro.1. ed. Rio de Janeiro: Civilização Brasileira (Coleção Segurança e Cidadania,1), 2005.

SORJ, Bila. O feminismo na encruzilhada da modernidade, *In:* COSTA, Albertina; BRUSCHINI, C. **Uma questão de gênero.** Rio de Janeiro: Rosa dos Tempos. São Paulo: Fundação Carlos Chagas, 1992. p. 15-23.

SOUZA-LOBO, Elisabeth. **A classe operária tem dois sexos:** trabalho, dominação e resistência. São Paulo: Editora Brasiliense, 1991.

SOUZA, Marcos Santana de. **A violência da ordem**: Polícia Militar e representações sociais sobre violência em Sergipe. 236f. 2008. Dissertação (Mestrado em Sociologia) – Universidade Federal de Sergipe, São Cristóvão, 2008.

STRATHERN, Marilyn. Entre uma melanesista e uma feminista. **Cadernos Pagu** (8/9), Campinas, p. 7-49, 1997.

SZTUTMAN, R.; NASCIMENTO, S. Antropologia de corpos e sexos: entrevista com Françoise Héritier. **Revista de Antropologia**, São Paulo, v. 47, n. 1, 2004.

TAKAHASHI, Emília E. **Homens e mulheres em campo:** um estudo sobre a formação da identidade militar. Campinas, 2002. Tese (Doutorado em Educação) – Unicamp, São Paulo, 2002.

WEBER, Max. **Economia e sociedade**: Fundamentos da sociologia compreensiva. v. 2. Brasília: UnB, 1999.

YOUNG, Iris M. **La justicia y la política de la diferencia**. Traducción de Silvina Alvarez. Valencia: Ediciones Cátedra, 2002.